L

LES
MASQUES ARRACHÉS.

RÉFLEXIONS PRÉLIMINAIRES.

Oh ! qu'il faut de courage et de persévérance pour se dévouer à défendre la cause populaire !

Vraiment, pour ne pas se décourager, il faut avoir le cœur armé d'une triple cuirasse, comme disait un poète romain de celui qui le premier brava sur un fragile esquif la fureur des flots et des tempêtes !

Que de calomnies et de persécutions de la part des ennemis du Peuple, si nombreux et si puissants, et de la part d'une partie du Peuple lui-même, égarée par ses propres passions qui la rendent l'instrument de ses ennemis ! Que de faiblesse et d'aveugle crédulité de la part d'une autre partie du Peuple toujours disposée à prêter l'oreille aux méchantes accusations des perfides calomniateurs !

Tout le monde sait quel fut le sort des meilleurs amis de l'Humanité, de *Pythagore* en Italie, des *Gracques* à Rome, de *Socrate* à Athènes, de *Jésus-Christ* à Jérusalem, de ce Jésus-Christ qui se dévouait à la mort pour la délivrance du pauvre et de l'opprimé, et dont le pauvre et l'opprimé demandèrent le supplice en lui préférant le voleur et l'assassin *Barabas* !

Mais si tant de déplorables exemples ont été capables d'épouvanter et de retenir bien des âmes pusillanimes, on vit toujours des cœurs généreux, enflammés du saint amour de l'Humanité, s'élancer dans la carrière du dévoûment, sans redouter ses abîmes.

Par présomption ou par confiance, par instinct ou par inspiration, par tempérament ou par caractère, nous sommes un de ces hommes de dévoûment.

1844

Et la preuve s'en trouve dans notre vie tout entière, dans nos actes et dans nos écrits.

Et nous ne craignons pas de le dire, parce qu'il n'y a pas d'orgueil à se déclarer, comme ces pauvres pêcheurs de la Judée, l'humble et dévoué disciple de tant de maîtres sublimes, l'admirateur de tant d'héroïques martyrs.

Il n'y a pas d'orgueil à dire qu'en 1815, en 1816, en 1818, nous avons été calomnié et persécuté, parce que nous avons été du nombre de ceux qui ont monté sur la brèche pour défendre l'indépendance nationale contre la Restauration, l'opprimé contre l'oppresseur; qu'en 1830 jusqu'en 1834, nous avons encore été calomnié et persécuté, parce que nous nous sommes encore placé sur la brèche pour défendre la Démocratie contre un Despotisme nouveau; qu'en 1840, revenu d'un long exil, remontant sur la brèche pour combattre les *bastilles* et *le National* qui les demandait, nous sommes devenu l'objet des hostilités et des calomnies d'une nombreuse et puissante partie de la Démocratie elle-même; qu'en proclamant et défendant le *Communisme* établi par Jésus-Christ, nous avons attiré sur nous la haine et les calomnies de beaucoup de partis divers, formant une armée *anti-Communiste*; et qu'en combattant les *Sociétés secrètes conspiratrices*, l'émeute et l'attentat, nous devons exciter contre nous les cris et les calomnies des révolutionnaires les plus ardents et des ultra-Communistes, plus révolutionnaires qu'organisateurs.

Que d'adversaires, que d'ennemis, que d'inévitables calomnies!

Mais, en démocratie, en réforme politique et sociale, en Communisme, en antipathie contre la société secrète et l'émeute, nous obéissons à la plus profonde des convictions, à la plus pure des consciences; et tant que notre conviction sera la même, il n'est pas d'inconvénients, pas de dangers, pas de calomnies, pas de puissance sur la terre, qui puissent nous faire rebrousser chemin.

Nous sommes loin d'être insensible à l'approbation, à l'estime et à l'affection des personnes que nous estimons et que nous aimons; mais trop âgé déjà pour avoir des illusions, connaissant trop les hommes et les choses pour être accessible aux vanités du monde, trop absorbé par notre dévoûment humanitaire pour être la proie de quelque passion ambitieuse ou vaniteuse, ne voulant rien, ne désirant rien, ne redoutant rien, consentant d'avance à nous rendre *impossible* (comme on dit), nous sommes dans la plus parfaite indépendance des Partis comme des individus, des amis comme des ennemis, du Peuple comme du Pouvoir; nous n'avons besoin ni de flatter l'ignorance et la misère, ni de courtiser la fortune et la puissance ; et nous ne reconnaissons qu'un maître à qui nous soyons jaloux de ne jamais déplaire, notre conscience.

Et si la calomnie qui nous poursuit pouvait n'atteindre que nous, nous la mépriserions, sans permettre à ses échos de venir troubler notre solitude et nos travaux.

Mais on ne nous calomnie que parce que nous rédigeons *le Populaire*, parce que nos efforts pour le rendre *hebdomadaire* sont près de réussir, parce que nous y défendons la démocratie et le Communisme, parce que nous y combattons les bastilles et les sociétés secrètes : ce sont le *Populaire* et le Communisme qu'on calomnie en notre personne ; ce sont les sociétés secrètes et l'émeute qu'on veut remettre en honneur, après nous avoir anéanti. C'est à nos yeux la question vitale pour le progrès ; et par conséquent il ne nous est pas permis de dédaigner les calomniateurs.

Car on ne peut imaginer jusqu'où s'étend la calomnie contre nous, combien les calomniateurs sont nombreux et actifs, et combien l'ignorance favorise leur méchanceté.

Ils anéantiraient nous et *le Populaire*, et le Communisme et peut-être la liberté, si notre silence enhardissait leur audace !

Il faut donc les faire taire en leur répondant : ce n'est pas seulement utile, c'est nécessaire, indispensable.

A personne plus qu'à nous ne répugnent les *personnalités* ; mais c'est un impérieux devoir d'arracher le masque à ceux qui ne vivent que de personnalités et de calomnies.

C'est avec la plus vive contrariété que nous suspendons d'utiles travaux : mais quand les ennemis nous enveloppent de tous côtés et nous barrent le passage, force nous est bien de faire halte, de faire tête à tous les assaillants, de nous débarrasser de tous les cosaques qui nous harcèlent, et de déblayer la route pour continuer notre marche.

Nous allons donc répondre à toutes les accusations, à tous les reproches, à toutes les calomnies.

Puis, nous mettrons à nu les sociétés secrètes et nous arracherons leurs masques aux calomniateurs.

Nous avons été en position de connaître bien des choses : nous ne dirons pas tout, à moins qu'on ne nous réduise à cette triste nécessité ; mais nous en dirons beaucoup, et nous avons la conscience que rarement on aura vu rendre au Peuple un aussi grand service.

Loin de nous tout sentiment de haine et de vengeance contre nos calomniateurs : nous leur pardonnons sincèrement, car ils ne savent ce qu'ils font et se frappent eux-mêmes. Notre amour de l'Humanité nous élève trop haut pour ne pas nous faire voir que les méchants eux-mêmes sont les victimes d'une détestable organisation sociale, et que leurs vices sont ceux de la société plus encore que les leurs. Mais notre indulgence systématique pour les personnes ne peut nous empêcher de foudroyer, si nous pouvons, les mauvaises actions, parce que, quoi qu'il soit raisonnable de ne pas se mettre en colère contre une vipère, il serait insensé de se laisser piquer et empoisonner par elle.

Loin de nous aussi tout sentiment de dégoût ou de découragement ou d'indifférence ; car si quelque partie du Peuple montre tous les vices, nous en connaissons une autre partie qui montre toutes les qualités et toutes les vertus. Et d'ailleurs, si tout le Peuple était vertueux et heureux, il n'aurait besoin du dévoûment de personne ; c'est parce que l'homme actuel est vicieux et malheureux qu'il est nécessaire que les âmes généreuses se dévouent pour sa délivrance et son salut. Si ses vices étaient l'inévitable conséquence de sa nature, le mal serait sans remède, et toute entreprise de guérison serait une folie : mais nous sommes profondément convaincu que tous ou presque tous les vices actuels de l'Humanité ne sont que l'effet accidentel d'une mauvaise organisation sociale, œuvre de l'ignorance et de l'erreur ; nous sommes convaincu que c'est l'égoïsme et l'individualisme, base et principe de la société actuelle, qui sont la véritable et l'unique cause de tous nos vices, que dès lors le mal n'est pas sans remède, que le remède est dans le principe contraire, la *fraternité* et le *Communisme* proclamés par Jésus-Christ, organisés par les lois et développés par l'éducation, et que ce remède amènera la guérison, la délivrance, le salut et le bonheur de l'humanité, quand assez d'hommes courageux se dévoueront à le faire connaître et adopter. Pour nous, plus le Peuple est vicieux par la faute de l'organisation sociale et malheureux par ses vices, plus nous nous intéressons à lui et plus nous sentons s'animer notre dévoûment, notre ardeur et notre courage : mais il ne faut pas craindre de dire toute la vérité, et nous la dirons !

Forcé par notre situation de repousser la calomnie, nous sommes dans la nécessité de parler de nous : nous le ferons comme si nous étions déjà dans la tombe, ou comme s'il s'agissait d'un autre, franchement, sans puéril orgueil et sans fausse modestie ; car, nous l'avons déjà dit ailleurs et nous le répétons ici, quand un cœur est rempli de dévoûment, il n'a plus de place pour la vanité.

Quant au style, comme nous avons beaucoup à dire et peu d'espace, nous ne nous occuperons qu'à le rendre laconique et clair.

Sect. 1re. — Calomnies. — Réponses.

NOMBREUX ENNEMIS.

Comme démocrate, comme socialiste, comme cominuniste, comme adversaire des bastilles et des sociétés secrètes, nous devions avoir et nous avons pour adversaires ou pour ennemis : 1° la Police; 2° l'Aristocratie; 3° les Prêtres; 4° les Bonapartistes; 5° les partisans des bastilles et du *National*; 6° quelques Réformistes aveugles; 7° les révolutionnaires partisans des sociétés secrètes; 8° les ultra-Communistes, partisans de la violence et de l'abolition de la famille.

Et dans ces diverses catégories se trouvent des étudiants, des négociants et voyageurs qui nous attaquent partout dans les départements.

Il se trouve même, chose plus étonnante et plus désolante, quelques ouvriers qui parcourent les ateliers pour nous y calomnier : nous verrons plus tard quel intérêt ou quelle passion peut les entraîner.

Le moment n'est pas loin peut-être où la plupart de ces ennemis finiront par ouvrir les yeux et cesser leur hostilité : mais en attendant, leur nombre est trop grand et leurs attaques trop dangereuses pour ne pas nous forcer à leur répondre.

Toutefois, si nous avons des ennemis, nous avons aussi beaucoup d'amis.

NOMBREUX AMIS.

Nous le disons hardiment, une grande partie de l'élite des travailleurs est avec nous, nous appuie de ses sympathies et de ses convictions : et si nous étions plus puissant par notre position sociale, il n'est pas de réforme que nous ne puissions accomplir avec l'enthousiasme et le dévoûment qu'inspire une doctrine basée sur la fraternité.

Cependant, voyez le monstre que fait de nous la calomnie !

NOMBREUSES CALOMNIES.

On nous accuse d'être farouche et sanguinaire, morose et chagrin, soupçonneux et défiant jusqu'à la manie, fou, aristocrate, ivrogne, égoïste, exclusif, cupide, ambitieux, charlatan, voleur, corruptible, corrompu, complice de Guizot, favori du Pouvoir, etc., etc.....

Si c'est vrai, qu'on lapide vite un pareil homme !

Et nous ne voulons cacher aucune de ces odieuses accusations; car il est bon qu'on sache bien à quel amas d'infâmes calomnies le dévoûment expose.

Cependant, il n'est pas de vie peut-être qui ait été plus épluchée que la nôtre par des ennemis; car elle l'a été : — en 1815, par le conseil de discipline royaliste qui voulait nous perdre; — en 1818, quand le parti royaliste voulut encore nous écraser pour nous empêcher de sauver des innocents et de démasquer leurs persécuteurs; — en 1831, quand le Gouvernement fit tous ses efforts pour empêcher notre élection; — en 1832, quand il fit tout pour nous faire condamner par la Cour d'assises, à cause de notre *Histoire de la Révolution de* 1830; — en 1834, quand il fit tout encore pour nous faire condamner à cause de notre *Populaire;* — en 1841, quand *le National* s'efforça de nous tuer dans l'opinion, à cause de nos attaques contre les bastilles; — en 1842, quand un pamphlet ultrà-communiste ne négligea rien pour nous assassiner moralement à cause de notre modération; — en 1843, quand le procès de Toulouse fut dirigé contre nous plus que contre les accusés; — et tout récemment, en 1844, quand M. *Fournier de Virginie* montra tant d'envie de nous faire expirer sous ses coups, parce que nous avions dit que les prêtres catholiques ne croyaient ni au paradis, ni à l'enfer.

Quel est l'écrivain dont la vie, si longue et si remplie d'actes comme avocat, comme procureur-général, comme député, comme homme politique mêlé à presque toutes les affaires depuis 1815, ait été ainsi épluchée?

Et cependant qui, plus que nous, a reçu des témoignages de sympathies?

NOMBREUSES SYMPATHIES.

Ah ! si nous montrions notre correspondance, les lettres et les adresses que nous avons reçues secrètement dans cent circonstances, même pendant notre exil, et surtout depuis la publication de notre système de fraternité et de communauté!.. On verrait comme, de tous côtés, on nous prodigue les témoignages de bienveillance et de sympathie, d'estime et de respect, de reconnaissance, d'amour même et de dévoûment!....

Mais n'avons-nous pas reçu des témoignages publics de sympathie en mille circonstances? — après notre triomphe dans le procès du général Vaux, en 1816; — après notre triomphe dans le procès de Sombernon, en 1818; — quand, dans un congrès de la charbonnerie, nous fûmes élu membre du comité-directeur avec onze autres qui tous étaient députés (Lafayette, Manuel, Dupont (de l'Eure), d'Argenson, Kœchlin, etc.); — quand, en 1831, destitué à cause de notre indépendance, nous quittâmes la Corse après y avoir établi le jury, au milieu des manifestations des regrets publics; — quand nous fûmes élu, à une grande majorité, député de la Côte-d'Or, par préférence au plus redoutable des concurrents, M. de Chauvelin; — quand une foule de députés vint nous assister de sa présence et de ses vœux devant la Cour d'assises; — quand l'association libre pour l'éducation du Peuple, dont on nous avait pressé de prendre la direction pour la sauver d'une ruine imminente, nous donna un nombreux et magnifique banquet; — quand les patriotes, de concert avec d'Argenson, firent frapper une médaille en notre honneur; — quand tant de cris bienveillants nous accueillirent aux funérailles du malheureux Dulong; — quand notre dévoûment patriotique nous avait donné sur le Peuple des faubourgs cet *ascendant* dont parle Louis Blanc dans son *Histoire de dix ans* (tome 4, p. 259); — quand tant de députations et d'adresses des écoles et des ateliers vinrent nous exprimer leurs regrets après notre condamnation; — quant, au sujet du duel à nous proposé par *le National*, tant d'adresses et de députations d'ouvriers vinrent nous demander de ne pas exposer une vie qui leur était consacrée; — quand tant de manifestations vinrent nous défendre contre les attaques des embastilleurs et d'un odieux libelle; — quand tant d'adresses et tant de plaidoiries bienveillantes vinrent nous appuyer à Toulouse.....

Tous ces faits, publics, notoires, consignés d'ailleurs dans plusieurs de nos écrits (*le National traduit devant le tribunal de l'opinion publique; — Nouvelle réponse au National; — Toute la Vérité au Peuple; — Le Gant jeté et ramassé*, etc.), devraient nous mettre à l'abri de la calomnie; mais, puisqu'on s'acharne encore à nous calomnier, puisqu'une poignée de malheureux calomniateurs court partout pour égarer l'opinion et entraver *le Populaire*, nous voulons citer encore ici quelques-uns des aveux publiquement faits à notre égard par la Presse indépendante, par des concurrents, par des adversaires, même par des ennemis. Vous qui avez oublié, et vous qui ne connaissez pas nos autres écrits, écoutez!

D'abord, c'est une *adresse*, signée par plus de mille des patriotes les plus avancés, qui nous engagea à refaire *le Populaire* en 1841, pour les *unir* et les *éclairer*, protestant de leur *sympathie* et de leur *confiance*, nous reconnaissant *expérience* et *prudence*, faisant appel à notre *patriotisme* et à notre *dévoûment éprouvé*.

En annonçant l'un de nos écrits contre les bastilles, le *Journal du Peuple* disait :

« Cet écrit se distingue, comme toutes les publications de M. Cabet, par la lucidité, l'ordre et le raisonnement, par un style net et populaire, et par *l'éminent* CIVISME qui anime CET HOMME DE BIEN. »

Le *Commerce* disait :

« L'un des hommes les plus SINCÈRES et les plus ÉPROUVÉS du parti radical, M. Cabet, vient de publier une vive protestation contre le projet de M. Thiers. »

Le *Corsaire* disait :

« Bravo, Monsieur Cabet ! quel que soit le *danger*, on vous voit toujours sur la *brèche...! »*

Dans *la Revue du Progrès*, Louis Blanc disait :

« Nous devons à M. Cabet, *au nom de la majorité du Parti radical*, de SOLENNELS REMERCIMENTS pour le courage et l'inébranlable constance qu'il a mis à repousser un projet aussi téméraire que funeste. »

La Phalange reconnaissait que nous avions été, à la Chambre des Députés, l'organe *le plus avancé de la démocratie*, et ajoutait :

« Nous sommes *fort loin de partager* les opinions politiques et sociales de M. Cabet, qui est le PRINCIPAL APOTRE *de la Communauté égalitaire*; mais nous nous plaisons à rendre *hommage à l'austère intégrité* et à *la parfaite loyauté* d'un homme qui, dans toute sa carrière politique, a fait preuve du *désintéressement le plus complet* et de *l'abnégation la plus entière*. M. Cabet est un des hommes que ses antécédents mettent le plus à l'abri du soupçon de vénalité : il obéit à une conviction profonde. »

Le *Nouveau-Monde* disait :

« M. Cabet a donné des preuves irrécusables de son DÉVOUMENT et de la *pureté* de ses intentions, et il avait droit à un peu plus d'égards de la part d'un journal qui doit HONORER LE PATRIOTISME ET L'ABNÉGATION. »

Tout en voulant nous tuer, *le National* disait :

« M. Cabet est un FORT HONNÊTE HOMME, incapable de faire le mal sciemment. »

Deux de ceux qui nous proposaient un duel nous écrivaient :

« Quelque pénible que fût cette mission auprès d'un homme qui a donné des preuves de PATRIOTISME et de DÉVOUMENT.... »

Parmi les nombreuses adresses que nous reçûmes alors, celle des Réformistes du 8e arrondissement, portant 92 signatures, disait :

« Nous n'hésitons pas à déclarer que vous êtes, à nos yeux,

l'homme qui a le plus nettement et le plus rationnellement expliqué les vrais principes. Nous avons la certitude que vous continuerez, avec le même DÉSINTÉRESSEMENT, la pénible tâche que les souffrances du Peuple vous imposent....

« Les principes que vous proclamez, citoyen, ont toute notre adhésion. Vous avez *bien mérité du Peuple !* »

Une autre Adresse des Ouvriers de Paris portait :

« D'après votre *dévoûment* au Peuple, dont vous nous avez donné tant de *preuves* dans la position que vous vous êtes faite, *vous ne vous appartenez plus ;* vous appartenez à ce Peuple qui vous applaudit, à cette jeunesse que vous intruisez... Pour Dieu, Monsieur, suivez votre ligne d'opposition si raisonnable et si vraie, sans vous inquiéter du ressentiment de ceux que votre saine logique confond, et comptez sur le dévoûment et la sympathie de vos frères. »

Une autre Adresse, couverte en quelques jours de 1,360 signatures, disait :

« De si odieuses provocations ne sauraient vous atteindre : méprisez-les, *tous les bons Français vous en conjurent.*

« Au *nom de la Démocratie* et de la morale publique, au nom de tous les principes que vous avez toujours si énergiquement défendus, n'exposez pas aux chances d'un combat singulier des jours que vous avez *consacrés*, des jours que *vous devez* à la cause populaire.

« Vous leur avez courageusement arraché le masque : de là leur fureur. Ce n'est pas le moindre *service* que vous avez rendu à la cause nationale.

« Honneur donc, honneur à *votre patriotique dévoûment !* »

A cette Adresse, imprimée à 10,000 exemplaires, étaient jointes les réflexions suivantes :

« Nous devions déjà à M. Cabet *plus d'un remercîment* pour L'INÉBRANLABLE CONSTANCE, la *vigilante fermeté* et le *zèle infatigable* avec lesquels il a toujours combattu dans les rangs *les plus avancés* de la Démocratie, et dans ces derniers-temps surtout en fixant nos regards sur les infernales *bastilles ;* mais nous lui devons de *nouveaux remercîments*, et non moins *solennels* aujourd'hui, pour le *bon exemple* qu'il vient de donner en répudiant un cartel.... »

« Justes appréciateurs de la loyauté politique, nous avons cru qu'il était de notre droit comme de notre devoir d'intervenir dans cette occasion pour donner une parole d'encouragement à un *vrai défenseur du Peuple*, résolus désormais à ne plus imiter dans leur *funeste ingratitude* les prolétaires de l'ancienne Rome, qui perdirent à jamais leur République en *abandonnant* aux vengeances des aristocrates leurs plus illustres tribuns. »

Après ces manifestations, qui toutes sont publiques, ne sont-ils pas des misérables et des ennemis des prolétaires et du Peuple ceux qui tentent encore de nous assassiner à force de calomnies ?

Écoutez encore quelques courtes citations ; c'est nécessaire.

M. *Fournier de Virginie* (qui se ravale à tant d'ignobles injures dans un nouvel ouvrage) reconnaît que nous passons nos veilles à la *lueur de notre lampe* pour travailler au bonheur de l'Humanité, que l'un de nos écrits porte le cachet d'un *incontestable talent*, et que nous pourrions parfaitement nous placer HAUT dans l'opinion des honnêtes gens, si nous voulions mieux employer un *remarquable talent*.

Vous venez de voir que *la Phalange* nous appelait le *principal apôtre* du Communisme... Voici d'autres opinions du même genre :

La *Gazette de Berlin* nous a appelé le *grand-prêtre* de la Communauté ; — un autre journal allemand nous appelait récemment un des *Évangélistes* des Communistes en Allemagne ; — devant la cour de Toulouse, l'un des défenseurs nous appela *le cœur* du Communisme ; — devant le tribunal de Lyon, un avocat nous appela, il y a deux mois, *le chef* du Communisme ; — dans cette grande cité lyonnaise, on nous appelle généralement *le père* ; — *l'Atelier* nous appelait en août *le demi-Dieu* des Communistes nantais ; — l'auteur d'un odieux libelle nous appelait l'homme *le plus en évidence* dans le Parti Communiste, et prétendait qu'on ne pouvait nous attaquer sans soulever des haines ardentes dans le Parti. — Puis des Communistes qui prétendaient à diriger l'opinion dans une grande ville et qui nous combattaient, repoussaient néanmoins le libelle en disant au libelliste :

« Quand la *moralité* d'un homme est *irréprochable*, on ne doit pas agir comme vous l'avez fait, surtout quand cet homme a *rendu de notables services*, et qu'il est, comme M. Cabet, *placé de telle manière* que le *Parti* auquel il appartient doit nécessairement *souffrir* des attaques qui lui sont faites. »

Sans doute il y a beaucoup d'exagération dans ce qui précède ; nous ne sommes ni le *grand-prêtre*, ni le *chef* du Communisme, mais seulement l'un de ses serviteurs les plus dévoués ; si nous pouvions avoir un moment la folie de nous croire chef, les impertinences et les outrages de quelques-uns des prétendus Communistes nous réveilleraient promptement de notre erreur : mais c'est un fait que la Presse, le Public, même l'Étranger, nous ont considéré comme *le principal apôtre*, comme *le plus en évidence* (et nous l'avons payée cher cette évidence !) de tous ceux qui, jusqu'à présent, se sont déclarés Communistes et ont dévoué leur activité, leurs veilles et leur existence au développement et à la défense de la Fraternité et de la Communauté.

Eh bien ! dans cette situation, après tant de services rendus et reconnus, après tant de remercîments, de félicitations, d'applaudissements et d'hommages, que la Police, que les Prêtres, que les Aristocrates, cherchent à nous perdre par des calomnies, c'est tout simple; plus nous sommes dévoué, pur, utile, plus ils doivent s'efforcer de nous perdre, et, par conséquent, de nous calomnier : mais que des ouvriers, se disant Communistes, se montrent les agents les plus actifs et les plus acharnés de la calomnie pour nous déshonorer et nous assassiner, est-ce l'intérêt de la Démocratie, l'intérêt de la réforme politique et sociale, l'intérêt du Communisme, l'intérêt des Ouvriers et du Peuple ?

Ces malheureux calomniateurs ne sont-ils pas en réalité les ennemis de la Démocratie, de la Réforme, du Communisme, des Ouvriers et du Peuple ?

Si la calomnie pouvait triompher contre nous, quel est l'homme de quelque valeur qui voudrait se dévouer à la cause populaire ?

Quel est l'écrivain ou l'homme politique qu'on ne puisse ainsi calomnier et perdre quand il se trouverait dans notre position ?

Et sont-ils donc si communs les hommes dévoués, qu'on puisse ne pas craindre d'en dégoûter quelques-uns ?

Mais abordons enfin les calomnies.

IVROGNE !

A Dijon, dans notre pays, lors de notre élection, le Pouvoir, qui voulait l'empêcher à tout prix, nous faisait appeler *républicain, jacobin, révolutionnaire*, ennemi du nouveau Gouvernement: mais on ne pouvait oser nous accuser d'ivrognerie. Ce ne fut qu'à Paris, quand nous eûmes publié notre première brochure, *Péril de la situation présente*, et notre *Histoire de la Révolution de 1830*, que le *Figaro* reçut la mission de faire tous les jours des plaisanteries et des jeux de mots dans le but de nous signaler comme un *ivrogne* qu'on ramassait tous les jours sous la table, dans les cabarets ou dans la rue. On a vu même des hommes ivres se présenter sous notre nom pour faire croire que nous étions un ivrogne. Et les Préfets, les fonctionnaires publics, etc., qui recevaient le ministériel *Figaro*, qui connaissaient beaucoup de monde, et qui formaient partout l'opinion publique, nous croyaient et nous appelaient un *ivrogne*. Quelle attention pouvaient mériter les écrits et les discours d'un ivrogne ? — Et cependant, nous étions connu en Bourgogne pour un buveur d'eau ! Pendant beaucoup d'années, à cause de nos mauvais yeux, nous ne buvions pas de vin ! Et nous n'avons jamais été ivre ! — Mais calomniez, calomniez, disait Bazile, il en restera toujours quelque chose ! Et la calomnie avait si bien produit son effet que, quand nous allâmes à Toulouse l'année dernière, beaucoup de gens étaient surpris de ne pas nous voir ramasser quatre fois par jour dans la rue !

On nous y croyait aussi un ogre qui mangeait les enfants.

SANGUINAIRE !

La *Némésis*, dès qu'elle passa dans le camp ennemi (quelle honte et quel malheur !) nous compara à *Samson*, le bourreau de Paris... Et tout récemment, parce que nous attaquions les bastilles, le journal qui se fait gloire d'être le plus révolutionnaire nous appelait *républicain farouche*... On peut deviner le reste... Jacobin, terroriste, révolutionnaire, homme de sang, etc., etc., il n'est pas d'épithètes en ce genre qu'on ne nous ait prodiguées ; et partout, dans le monde officiel, dans le grand monde, comme à Rome jadis on appelait les premiers chrétiens des *buveurs de sang*.

Et cependant... Sans doute, nous sommes ferme, énergique, résolu... mais qu'on examine bien notre vie, nos actes, nos écrits, notre *Voyage en Icarie* surtout, même notre *Histoire populaire de la Révolution française* : dans quelle page y trouvera-t-on de la cruauté? Quel écrivain prêche davantage la modération, la justice, la bienveillance, la fraternité pour tous sans exception ? Oui, nous le disons hardiment, il n'est pas de cœur peut-être plus rempli que le nôtre de l'amour de l'Humanité ; il n'est pas d'âme plus fermée à la haine et à la vengeance.

Mais, si l'on n'était pas cuirassé par le dévoûment, ce serait cruel d'être ainsi calomnié ; car il y a toujours une masse qu'égare la calomnie : écoutez !

Un jour, en 1833, dans un dîner nombreux, un fabricant d'une ville éloignée, près duquel nous nous trouvions assis sans qu'il nous connût, nous dit à la fin du repas : « Nous n'avons pas la même opinion politique ; cela n'empêche pas que j'ai du plaisir à causer avec vous ; et si nous causions souvent, vous me convertiriez peut-être ; mais vous avez dans votre parti des hommes qui vous font bien du tort par leur violence et leur fureur, par exemple un Cabet... » Jugez de sa surprise et de sa confusion quand il apprit, un instant après, que nous étions ce Cabet qu'il croyait féroce..! « Voilà, dit-il alors, comme la calomnie fait les réputations et les portraits dans les départements...! »

Un autre jour, voyageant seul avec un magistrat qui ne nous connaissait pas, et parlant d'un député que nous disions connaître, il ajouta : « C'est un bien honnête garçon ; s'il n'avait fréquenté que des hommes comme vous, il serait bien heureux ; mais pour son malheur, il s'est lié avec un Cabet..... »

Et tout récemment, un homme très-influent dans sa ville, et qui venait de lire notre *Voyage en Icarie*, chargeait un de ses amis de nous demander *pardon* de l'horrible opinion qu'il avait eue de nous par l'effet de la calomnie.

Mais nous prêchons aujourd'hui le Communisme, et la calomnie renouvelle ses attaques.

CUPIDE ! — ABUS DE CONFIANCE !

En mai 1841, à l'occasion de notre querelle avec *le National*, au sujet des bastilles, un de nos anciens amis nous écrivait :

« Il y a six mois, dînant à A..... (dans un département du nord), chez un ami, avec dix autres personnes, je donnai un démenti formel à un *négociant de Beaune* qui disait que vous aviez *abusé de la cession* qu'une dame vous avait faite afin de vous constituer le cens d'éligibilité.

« Avant-hier, un *étudiant en droit*, arrivant de Paris, parlait du même fait, et disait que la dame en question n'avait pas retrouvé *intact* le bien que vous deviez lui remettre en entier. J'ai soutenu encore que cela n'était pas vrai...

« Vous aviez, mon cher ami, par votre patriotisme, votre persévérance, votre courage, gagné *l'estime générale*.....

« A votre retour d'exil, tous les bons citoyens de notre ville vous eussent *porté aux nues*. Aujourd'hui, votre lutte avec *le National* a tourné contre vous ceux qui se croient les *vrais patriotes*. »

Ainsi, voyez! Si nous avions appuyé *le National*, demandé les bastilles, repoussé le Communisme, les patriotes nous auraient toujours *porté aux nues* ; nous aurions été prôné, appuyé, aidé..... Un autre ami, voulant nous empêcher de nous déclarer Communiste, nous disait que tous les républicains nous étaient dévoués, mais que tous deviendraient nos ennemis si nous professions le Communisme. — Nous savions bien le danger..., mais nous sommes un homme de dévoûment, et nous n'avons jamais consulté que notre conscience.

Quant à la calomnie sur cet abus de confiance, nous la méprisâmes d'abord.

Le 3 août 1843, pendant que nous allions à Toulouse, un respectable vieillard nous écrivait d'une ville du centre dominée par les prêtres :

« Hélas! mon cher monsieur Cabet, il m'est bien douloureux de vous l'écrire, il n'est sorte de *calomnies* que ne répandent nos adversaires, et trop souvent même des Démocrates qui croient ce que des méchants ont dit et répété à satiété, affirmant, par exemple que, lors des Sociétés des *Droits de l'homme*, vous, *trésorier*, vous avez abusé de vos fonctions en colloquant les recettes à votre profit. Quelle infamie !

« Comme je vous dois toute la vérité, il faut que je vous dise qu'un *Sectionnaire*, membre de *votre Section*, dit-il, *assure le fait*.

« Il n'est sorte *d'autres absurdités* qu'on ne débite. Vous avez assez fait preuve de courage pour tout mépriser. Eh! les infâmes! n'ont-ils pas crucifié *Jésus-Christ*....! »

Ainsi, quand nous étions député, directeur de l'*Association libre pour l'éducation du Peuple*, rédacteur du *Populaire*, nous aurions détourné le trésor d'une pauvre *section* des droits de l'homme dont nous étions trésorier !... Est-ce assez absurde ? Mais c'est un membre de cette section qui l'affirme, un membre qui nous voyait et nous connaissait bien, un ouvrier venant de Paris, un partisan du *National* et des fortifications pour défendre l'indépendance du pays !... Eh bien! il n'y a qu'un inconvénient dans ce récit, c'est que nous n'avons *jamais été trésorier* d'aucune société, c'est que même nous n'avons *jamais fait partie* de la société des droits de l'homme !...

La calomnie ne marchait pas moins, et le 16 mars 1844, le même vieillard nous écrivit :

« Pardon, mon cher monsieur Cabet, si je viens encore momentanément vous faire de la peine : je vous aime et vous respecte trop pour ne pas vous donner des armes contre vos misérables détracteurs. Voici le fait :

« On dit que vous n'avez pu être député que par l'assistance de Mme L.... en *achetant* une propriété à votre nom. Jusque-là, rien de plus rationnel, puisque l'athlète Manuel, dont vous êtes le digne émule, ne le fut qu'ainsi : mais maintenant voici l'odieux. On ajoute que cette dame n'a pu rentrer dans sa propriété qu'en obtenant un *jugement diffamant* qui repose aux archives de la Cour royale. »

Et cette fois, ce sont de jeunes avocats qui parlent, arrivant de faire leur droit à Dijon, ayant appris le fait sur le lieu même et disant le tenir de deux patriotes connus. Comment ne les croirait-on pas quand leurs affirmations sont si positives sur un jugement public si facile à vérifier et qui nécessairement aurait fait tant de bruit ? .. Mais ces étudiants ou ces jeunes avocats sont des partisans de Thiers, d'Odilon Barrot, du *National* et des bastilles, et leur affirmation n'est qu'une infâme calomnie.

Nous nous contentions de la démentir quand, tout récemment, quelqu'un vint nous trouver d'un air consterné.

« Hier, nous dit-il, j'ai entendu affirmer un fait très-grave qui vous concerne, qui vous ferait beaucoup de tort, et que je crois de mon devoir de vous communiquer pour que vous puissiez le démentir. C'est une personne très-grave qui le répétait en disant le tenir successivement de trois autres personnes graves. Je commence par vous protester que je n'en crois pas un mot; car j'ai ouï dire à M. *de Brias*, ancien maire de Bordeaux, votre ancien collègue et parfait honnête homme, qu'il ne partageait pas toutes vos opinions, mais qu'il ne connaissait pas d'homme plus estimable que vous. J'ai ouï dire encore la même chose à un monsieur respectable que je voyais aux eaux de.....— Mais qu'est-ce ?

— On dit.... (et il nous raconte la même calomnie.) — Mais c'est absurde !...

— Ce sont des personnes importantes, influentes…. — Mais c'est honteux pour elles; elles en rougiront! Car, écoutez… (et nous lui donnâmes lecture d'une lettre de Mme L……)

— J'en étais bien sûr. Mais, à votre place, je publierais ces lettres.

— Je le ferai. »

Maintenant, voici la vérité :

Depuis le fameux procès du général Vaux, en 1816, les patriotes de Dijon, nos camarades, nous disaient : « Tu seras un jour le Député de la Côte-d'Or. »

Aux premières élections après 1830, lorsque nous étions Procureur-général en Corse, les patriotes nous écrivirent pour nous presser d'accepter la députation; et comme ils savaient que nous ne possédions pas le cens d'éligibilité, ils s'étaient adressés à Mme veuve L…., très-riche propriétaire, qui consentait à nous vendre un de ses domaines en nous accordant le temps nécessaire pour en payer le prix. Nous consentîmes, après avoir bien expliqué que nous ne voulions pas une vente fictive, mais une vente réelle, à des conditions équitables.

Tout cela était parfaitement licite, légal, légitime, surtout aux yeux des Démocrates, et au lendemain d'une Révolution qui devait supprimer tout cens d'éligibilité. Aucun Député n'est plus régulièrement éligible.

Tous les électeurs connurent ces circonstances.

Nous publiâmes une profession de foi, qui détermina notre destitution.

Le Ministère n'épargna rien pour empêcher notre élection. Mais nos concitoyens, prononçant un jugement solennel sur notre vie tout entière, nous honorèrent de leur confiance en nous élisant à une grande majorité.

Nos amis, qui nous voyaient destitué et sans autre fortune que notre travail, nous avaient offert une souscription parmi les électeurs pour nous assurer une *indemnité*, comme on le fait à l'égard de beaucoup de Députés. Nous avions consenti, à condition que la souscription s'ouvrirait publiquement, avant l'élection, et parmi tous les patriotes, parce que nous désirions que la Côte-d'Or prît l'initiative et donnât *l'exemple d'une pratique démocratique* que nous considérions comme éminemment utile au Peuple. Mais les partisans de notre concurrent, M. de Chauvelin, combattant cette indemnité (chose inouïe pour des hommes qui se disaient démocrates), nous y renonçâmes après l'élection.

Député, nous devînmes, suivant l'expression de *la Phalange*, l'organe le plus avancé de la Démocratie. Nous adressâmes bientôt à nos commettants deux écrits (*Péril de la situation présente. — Révolution de 1830*) qui nous attirèrent la colère du Pouvoir, de bien redoutables poursuites pendant l'état de siége, deux procès et l'exil.

Moins de trois ans après notre élection, en mars 1834, nous étions arraché à nos affaires et à nos amis, pour passer cinq années en Angleterre.

Là, le 10 août 1834, nous reçûmes de l'homme d'affaires de Mme L...
la lettre suivante :

« Monsieur,

« Mme L...... me charge de vous écrire à l'égard de la propriété
qu'elle vous a *vendue ;* comme elle s'occupe dans ce moment de ses arrangements de famille, il faut qu'elle sache à quoi s'en tenir pour ce
qui concerne ce domaine. Lorsqu'elle vous en a fait la *vente,* c'était dans
l'intention de vous être utile : il en est autrement, les circonstances s'y
sont opposées ; il lui devient indispensable, dans sa position, de connaître votre *décision,* elle ne peut rien arrêter avec ses enfants auparavant. Je viens donc, de sa part, vous inviter à me faire savoir quel
parti vous croyez devoir prendre.

« *Si vous ne conservez pas,* ce domaine sera divisé pour égaliser
les lots qu'elle se propose de faire. En conséquence, soyez assez bon de
me dire ce que vous pensez à cet égard et les moyens à employer dans le
cas où il vous *conviendrait d'en faire la rétrocession.* Votre réponse
nous servira de gouverne. Soyez bien convaincu du *plaisir* que
Mme L..... avait d'avoir trouvé l'occasion de vous être utile : mais
aujourd'hui qu'elle règle avec ses enfants, elle se trouve forcée de terminer cette affaire.

« Agréez, Monsieur, l'assurance de ma parfaite considération.

« B...... »

Nous écrivîmes en France pour essayer de faire un emprunt et nous
fîmes dire à Mme L... que nous lui répondrions incessamment. Puis, le
7 novembre, nous lui écrivîmes de Londres :

« Madame,

« J'ai reçu la lettre que M. B.... m'a écrite de votre part et je regrette bien de n'avoir pu y répondre plus tôt. Mais j'espère que vous
aurez la bonté de m'excuser, quand vous considérerez surtout que ma
position en *pays étranger* m'a mis dans la nécessité d'écrire souvent en
France et de perdre beaucoup de temps pour suivre une négociation et
recevoir des réponses.

« Je voudrais pouvoir *solder l'acquisition* à des termes rapprochés,
mais ma présence ici ne me permet pas encore de pouvoir vous indiquer une *époque certaine.*

« Je ferai donc ce que *vous désirerez* s'il vous est impossible de m'accorder du temps pour le paiement ; je vous prierai seulement de ne pas perdre de vue que, en consentant la vente de cette propriété, vous avez
voulu me donner un témoignage de bienveillance dont je conserve un

souvenir reconnaissant, et qu'il me serait infiniment *préjudiciable* et *désagréable* d'être obligé de la *rétrocéder* maintenant.

« J'attends donc votre réponse, et vous prie, Madame, d'agréer mes respectueux hommages. »

Le 24 décembre, nous lui écrivîmes de nouveau :

« Madame,

« J'ai eu l'honneur de vous écrire plusieurs fois, par occasion et par la poste, notamment, par la poste, le 7 novembre, la lettre dont je mets le double ci-après. — Mais une lettre de mon frère me fait craindre qu'aucune de mes lettres ne vous soit parvenue. Si cela est, je vous prie d'excuser un retard involontaire et qui me contrarie infiniment. — Voilà déjà cinq ou six fois que pareil désagrément m'arrive depuis que je suis en Angleterre.

« Si je rentrais prochainement en France, il me serait beaucoup moins difficile de vous préciser une époque de *paiement* : mais je désire *avant tout* faire ce qui peut *vous être agréable*, et j'attends votre résolution définitive. »

Mme L..... ne nous répondit pas immédiatement ; ce ne fut que le 28 juillet 1835 que nous reçûmes d'elle la lettre qui suit :

« Monsieur,

« Si je n'ai pas répondu à votre lettre du 24 décembre, c'est que je voulais, en gagnant du temps, ménager le plus possible vos convenances. Vous mettiez dans cette affaire de *la grâce* et de *la loyauté*, en vous remettant entièrement à ma décision sur ce point, et je voulais également y mettre toute la bonne volonté possible.

« J'ai donc traîné en longueur ; mais enfin, je suis forcée de reconnaître que le temps n'amène rien et qu'on ne peut plus raisonnablement attendre. Nous pensions l'un et l'autre, monsieur, quand j'ai fait ce que vous désiriez pour vous rendre éligible, que vos talents devaient vous conduire un jour à *l'exécution complète* des conventions que nous avions passées. Les malheureux événements qui vous ont exilé n'ont que trop détruit cette espérance et même les avantages de l'éligibilité, les seuls que vous vouliez acquérir ; le but de nos arrangements est donc manqué. Cependant les délais sont passés, les intérêts s'accumulent. Pour faciliter mes partages, la rétrocession est le moyen que je préfère, et je *vous saurai gré* d'y consentir.

« Agréez l'assurance de ma considération la plus distinguée.

« L. L.... »

Courrier par courrier, le 1er août, nous lui répondîmes :

« Madame,

« Je reçois à l'instant votre lettre du 28 juillet ; je m'empresse d'y

2

répondre et de vous dire que je suis très-reconnaissant et de vos bons procédés anciens et de vos bons procédés nouveaux. Sans doute, il m'est *infiniment pénible*, sous bien des rapports, de *renoncer à l'acquisition faite*; mais vous m'apprenez que vous *désirez reprendre* le domaine plutôt même que d'en *recevoir le prix*; et, quelque espérance que je puisse avoir encore d'exécuter bientôt et de compléter nos conventions, je ne veux plus considérer que *votre désir*; je ne vois que votre obligeance passée et présente, et je renonce à toute démarche ultérieure pour ne plus m'occuper que de la prompte réalisation de ce que vous désirez. Vous pouvez donc regarder la chose comme terminée.

« J'enverrai incessamment ma procuration à cet effet, en vous priant seulement de ne pas trouver mauvais que je prenne quelques jours pour réfléchir sur la forme.

« Veuillez agréer, Madame, mes remerciments et mes respectueux hommages. »

Quelques jours après, le 10 août, Mme L... nous écrivit :

« Je cède, monsieur, au *besoin que j'ai de vous* REMERCIER d'avoir compris ma position en n'apportant aucun retard à ce que je désirais depuis long-temps : je vous SAIS GRÉ DE VOTRE BON PROCÉDÉ, et je *l'attendais de vous*, quelques contrariétés que vous puissiez en éprouver.

« Recevez donc de nouveau, monsieur, MILLE GRACES, et l'expression de mes *sentiments les plus distingués*. »

Nous envoyâmes de suite notre procuration, et, le 8 septembre, Mme L... nous apprit, en ces termes, que la rétrocession était consommée.

« Monsieur,

« Malgré tout mon désir de *vous accuser plus tôt la réception de votre procuration*, cela m'a été impossible : je partais le jour même où je *l'ai reçue*; et depuis, différentes occupations ont pris tous mes moments.

« Avant de monter en voiture, j'ai laissé mes pouvoirs, pour que l'on fît de suite l'acte; le projet en a été remis à monsieur votre frère, qui l'a soumis à M. M..., et celui-ci l'a approuvé dans tout son contenu. *L'acte a donc été passé* dans les mêmes termes, et m'a été *renvoyé ici*. *Je n'ai qu'à me louer de vos bons procédés*, et je ferai toujours ce qui dépendra de moi, en toutes occasions, *pour vous prouver mon désir de vous obliger*.

« Recevez, monsieur, la nouvelle expression de ma considération la plus distinguée.   L. L. »

Voilà l'abus de confiance, le jugement infamant déposé au greffe de la Cour !

Voilà la calomnie que répandent dans les salons et dans les départements, depuis notre lutte contre les *bastilles* et maintenant encore, des

bourgeois, des négociants-voyageurs, des étudiants, de jeunes avocats!..
Et combien d'autres la répandent sans que nous le sachions!

Voilà le fruit de notre dévoûment à combattre les *bastilles* et le
puissant défenseur de l'embastillement!

Et cette calomnie ne doit-elle pas paraître bien *odieuse*, quand on sait
que nous avions sauvé la vie au mari de madame L...?

Oui, nous avions, en 1816, sauvé son mari, quand la Restauration
choisit la Côte-d'Or pour essayer ce système de terreur qui demandait
les *sept principales têtes* dans chaque département.

Nous l'avons sauvé en sauvant le Général Vaux, principal accusé,
dont la condamnation aurait entraîné celle de tous les autres, et dont
l'acquittement entraînait l'acquittement général.

Nous l'avons sauvé; car les auters défenseurs, tous royalistes, avaient
adopté le plus fatal des systèmes de défense, celui d'avouer que la conduite anti-bourbonienne de leurs clients était un forfait, une impiété,
un sacrilége qu'il fallait flétrir, et en prétendant ensuite qu'il fallait
acquitter leurs clients comme frappés de vertige et de démence, tandis
que seul, bravant toutes les colères, nous soutînmes qu'il n'y avait pas
de crime; que le 13 mars à Dijon, quand toutes les autorités royales
fuyaient (à l'exemple du Comte d'Artois et du Duc d'Orléans) devant
le Maréchal Ney entrant à Dijon au nom de Napoléon, était la même
chose que le 20 mars à Paris, quand Louis XVIII fuyait devant Napoléon lui-même; que, si le Général Vaux et ses co-accusés étaient coupables,
la garde nationale, la Municipalité, les nobles, les principaux royalistes, les témoins, les jurés, la Cour elle-même (qui avait fait une
adresse à l'Empereur, dès le 18), étaient coupables avec eux; mais que
tout le monde était innocent, et que les accusés l'étaient avec tout le
monde.

Et par cette défense hardie et sans réplique, qui nous fit beaucoup
d'ennemis, nous eûmes le bonheur de rendre un incalculable service à
tout le département et même à la France entière; car, si le système des
sept principales têtes avait triomphé à Dijon, quelle terreur ne devait
pas s'étendre sur le département et partout, tandis qu'en l'arrêtant à son
début, on en garantissait tout le reste du pays.

C'est précisément en reconnaissance de ce service et de beaucoup
d'autres que les patriotes de la Côte-d'Or nous confièrent l'honneur de
les représenter à la tribune nationale, et que madame L... voulut y
coopérer en facilitant notre éligibilité.

Et l'on voudrait qu'un homme, dont la conscience devait s'épurer et
s'élever au milieu de pareils souvenirs, eût été assez insensé et assez
misérable pour se ravaler à un abus de confiance envers madame L!...
On fait intervenir le nom de madame L... dans une pareille calomnie!
Est-ce assez odieux?

Et combien cette calomnie n'est-elle pas *absurde!* Quel regret, quelle
honte ne devront pas ressentir les hommes sincères qui se sont laissé

tromper par elle, qui l'ont répétée, et qui s'en sont ainsi rendus les instruments et les complices ! car enfin, raisonnons un peu.

Nous admettons qu'on ignore (parce qu'on ne veut pas lire) ce que nous avons déjà révélé, qu'en 1815, pendant les Cent-Jours, nous avons refusé la place d'avocat-général qui pouvait nous conduire à la fortune ; que, après la deuxième Restauration, un Jury, composé d'anciens parlementaires et de nobles, devant qui nous venions de défendre des malheureux, avait chargé son chef d'engager le Premier Président de la Cour à tout faire pour nous attirer dans le Parti royaliste ; et que le Premier Président lui avait répondu que rien n'était capable de nous séduire et de nous gagner : mais, de toutes les personnes qui s'occupent de politique, très-peu doivent ignorer notre position en 1830.

Pour nous croire capable d'un abus de confiance, afin de nous emparer de quelques mille francs, il faut nous croire ambitieux, cupide, avide d'argent..... Eh bien (car puisqu'on nous attaque ainsi, il faut bien que nous repoussions la calomnie), nous soutenons hardiment que rien, dans notre longue vie, ne décèle la moindre ambition et la moindre cupidité. Avons-nous le goût du luxe, de la table, des plaisirs ?.. Nous connaît-on quelque passion pour le jeu, pour la débauche ? Nous voit-on dans les spectacles, les bals, les concerts ?

Persécuté sous la Restauration pour avoir rendu (nous pouvons nous en réjouir) de grands services à la cause nationale, membre du Comité directeur de la Charbonnerie, ayant risqué dix fois notre vie pour la liberté, membre de la première Municipalité insurrectionnelle en 1830, nous pouvions obtenir, comme tous nos collègues et comme tant de patriotes, la croix d'honneur et la croix de juillet : et si nous avions été ambitieux, nous n'aurions pas manqué de les demander comme tant d'autres : l'avons-nous fait ?

Intimement lié avec presque tous les principaux hommes politiques, notamment avec Dupont (de l'Eure), Lafayette, Laffitte, si nous avions été ambitieux et cupide, nous les aurions courtisés, et nous aurions certainement obtenu quelque belle place qui nous aurait enrichi !

Secrétaire intime de Dupont (de l'Eure), si nous avions été ambitieux et cupide, nous serions devenu *secrétaire-général* de son ministère, comme il nous l'a écrit (quand Mérilhou est devenu ministre), préférablement à Renouard, qu'il ne connaissait pas.

Procureur-général en Corse, y organisant le Jury et les Justices de Paix, si nous avions été ambitieux et cupide, nous aurions fait la cour aux Sébastiani et aux Pozzo di Borgo, et nous aurions au moins conservé une belle place et 12,000 fr. d'appointements depuis quatorze années.

Député en même temps que Procureur-général, si nous avions été ambitieux et cupide, nous aurions vendu notre voix au Ministère ; nous aurions hanté les grands salons, les hôtels et les palais ; nous aurions pris part à tous les plaisirs, à tous les festins, à toutes les fêtes, à tous les priviléges....

Presque tous nos condisciples ou nos camarades ou nos contemporains ont de belles places et de beaux appointements ; presque tous sont devenus riches et puissants : si nous avions été ambitieux et cupide, pourquoi n'aurions-nous pas le même sort ?

Bien plus, ayant eu, après 1830, des relations personnelles avec Louis-Philippe, qui nous témoigna plusieurs fois publiquement de la bienveillance, notamment en présence de la députation de la garde nationale de la Côte-d'Or, si nous avions été ambitieux et cupide, nous aurions fait notre Cour au Roi lui-même (qui nous disait un jour : « Je n'oublierai jamais notre conversation d'aujourd'hui »); nous aurions voté les apanages, les bastilles, et nous aurions pu aspirer à la Pairie et au Ministère ; car il ne faut pas être bien présomptueux pour prétendre au sort des Barthe, des Mérilhou, des Martin (du Nord), etc., etc. ; et Laffitte a dit vingt fois dans son salon, en présence de beaucoup de monde, qu'il nous avait tout offert et que nous aurions pu aspirer à tout si nous avions voulu.

Il y a plus : nous n'avions pas besoin de nous vendre pour parler, écrire, voter, agir en faveur du Pouvoir ; il n'aurait demandé de nous que le silence et la renonciation à toute opposition publique.

Il y a plus encore : en consentant notre destitution, le Roi, qui devait sentir combien il était scandaleux de destituer brutalement, six mois après la Révolution, un homme de juillet qui venait d'organiser le Jury en Corse, voulait qu'on nous donnât une place dans laquelle nous n'aurions pas à parler, par exemple, celle de Premier Président d'une Cour (comme en ont les ex-avocats *Moine*, *Collin*, etc.), ou de Conseiller à la Cour de Cassation. Si nous avions été ambitieux, nous aurions d'abord accepté cette belle position inamovible, d'où nous aurions pu partir pour aller plus loin et assouvir notre cupidité. Mais préférant une opposition franche et nette, nous sacrifiâmes tout à notre conscience.

Et si nous avions été ambitieux et cupide, n'aurions-nous pas pu faire fortune avec les Légitimistes, ou les Bonapartistes, ou les Prêtres et les honnêtes gens, puisque M. Fournier de Virginie prétend qu'un remarquable talent pouvait nous placer haut dans leur estime ?

Et quelqu'un aurait pu nous croire capable d'un abus de confiance envers Mme L.....! Ce serait trop insensé !

Mais quand on voit tant d'apostats et de renégats, tant de corrompus et de traîtres, on ne crie qu'un jour ou qu'une heure ; et quand on rencontre quelque homme fidèle et constant qui sacrifie tout à sa conscience, on le calomnie long-temps ! ! !.....

Et l'on s'étonne que l'apostasie ait plus d'attraits que la fidélité ! On s'étonne que l'égoïsme soit si commun ! On s'étonne que la Liberté succombe !

Et pendant que des bourgeois patriotes calomnient ainsi un patriote long-temps éprouvé, que fait le Pouvoir à son égard ? Si, par exemple, quelque inventeur d'une infiniment utile machine vient nous demander notre concours et nous offrir de nous associer, quelque personnage imposant vient promptement le trouver et lui dit : « Comment ! vous vous associez M. Cabet ! C'est un parfait honnête homme assurément, et qui n'est pas à la place qu'il mérite ; mais ce n'est pas un ami du Gouvernement, et le Gouvernement ne souffrira jamais qu'il soit à la tête d'aussi grands capitaux.... » Ainsi, calomnié par les siens, proscrit par les autres, n'est-ce pas être une espèce de Paria dans la société ? et cela quand on aime tant l'Humanité, quand on s'est si constamment dévoué, quand on a reçu tant de manifestations aussi honorables que bienveillantes ! ! !....

Mais tout cela était prévu, accepté d'avance ; tout cela est courageusement souffert ; nous ne le faisons connaître que pour qu'on sache bien ce que coûte le dévoûment. Nous allons montrer bien d'autres calomnies.

CALOMNIES D'UN BOURGEOIS PRÉTENDU COMMUNISTE.

Un bourgeois riche, instruit, écrivain, influent, se disant ennemi des Prêtres, ami du Peuple, démocrate, républicain, réformiste, même Communiste, exerçant une grande influence dans une grande ville, se déchaînait un jour (tout récemment) contre nous et menaçait de publier un libelle, nous accusant d'être injuste, cupide, aristocrate, exclusif ; il prétendait que nous étions d'accord avec la Police, et en donnait pour preuve la visite que nous avons faite au *Procureur du Roi*, à Lyon, pendant notre dernier voyage, quand, à l'occasion de la saisie faite chez notre correspondant, l'avant-veille du jour fixé pour notre départ, nous allâmes dire à ce magistrat : « Je vous prie de me répondre, oui ou non, si vous avez l'intention de poursuivre ; si vous n'avez pas cette intention, je pars demain, comme je l'avais décidé ; mais si votre intention est de poursuivre, je reste, et je serai enchanté de discuter publiquement avec vous. » Dire que cette démarche si franche, si hardie, si ferme, annoncée par nous avant et après, est une preuve d'intelligence avec la Police, n'est-ce pas une indignité ?

Mais voyez ce que le même individu nous écrivait peu de temps auparavant !

« Les ennemis de notre doctrine saisissent toutes les occasions pour vous attaquer. Vous avez, disent-ils, rempli votre tâche ; vos écrits ne servent plus qu'à entraver la plume des *jeunes écrivains* ; il faut que vous vous retiriez.

« Et nous, nous vous dirons : Non, monsieur Cabet, il ne le faut pas ! vous fûtes de tout temps l'*homme de bien* et l'*homme politique* tout à la fois ; vous sacrifiâtes vos jeunes années pour éclairer l'ignorant sur ses droits d'homme. Vous apportâtes, dans votre *Voyage en Icarie*, des idées dont on peut tirer toutes sortes de bonnes choses ; en un mot, vous êtes le RÉFORMATEUR *d'une politique mal entendue* qui dévierait bien vite si vous l'abandonniez. Écrivez, écrivez, nous vous en prions ! et un jour viendra où nous cueillerons le fruit de toutes vos veilles et *bénirons* tous ensemble l'époque de votre triomphe.

« En attendant, recevez, Monsieur, l'assurance de ma très-haute considération. »

Voilà ce qu'il nous disait avant, et voici ce qu'il disait après en parlant de nous : « *C'est un parfait honnête homme, bon , juste , humain... Talent, génie, rien ne lui manque.* »

Nous serions bien sot et bien insensé si nous nous laissions chatouiller un moment par de pareilles exagérations, surtout quand d'autres se permettent tant d'outrages : mais à celui qui nous attaque après une pareille lettre et de pareils discours , nous pouvons dire que ses hostilités sont des calomnies qui bouleversent toutes nos idées.

Le même individu, qui nous conjurait de continuer à écrire, détournait ensuite de souscrire au *Populaire* en disant : « *Le Populaire ne sera jamais hebdomadaire, c'est moi qui vous le dis.* » Mais comment peut-il en avoir la certitude ? qui le lui a dit ? Sont-ce les Jésuites, ou les Carlistes, ou la Police ?

Nous ne voulons pas nommer ce beau monsieur ; mais qu'il se démasque lui-même, et nous aurons du plaisir à lui répondre.

CALOMNIES DES JÉSUITES.

Il est incontestable que Jésus-Christ recommandait la Communauté, et qu'en conséquence ses apôtres et les premiers Chrétiens étaient Communistes. — Les Prêtres ne pourraient donc pas manquer d'être Communistes, s'ils étaient vraiment Chrétiens ; mais ils repoussent le Communisme et calomnient ses sectateurs en les signalant comme des impies, des pillards, etc., etc.

On connaît déjà la fureur de M. *Fournier de Virginie* contre nous, parce que nous avons dit que les Prêtres ne croyaient ni au paradis ni à l'enfer. Mais ces Prêtres menacent de l'enfer ceux qui lisent des livres communistes ; ils attaquent les Communistes en chaire et dans des écrits ; ils les poursuivent dans les maisons et dans les ateliers. Un curé vient de s'oublier jusqu'à mettre le poing sous le nez à un jeune travailleur qui ne voulait pas renier le communisme. Jamais le clergé n'a fait tant d'efforts pour s'emparer des ouvriers, des domestiques, des soldats, des enfants et des femmes. Trois de celles-ci viennent d'abandonner leurs maris, près de Lyon, parce qu'ils sont *Communistes*.

Ce sont les Jésuites qui peuvent avoir le plus d'agents pour attaquer le Communisme ; ce sont eux qui sont ses plus redoutables ennemis.

Cependant nous ne désespérons pas que les yeux du clergé s'ouvriront au Communisme, comme ceux des Prêtres païens se sont ouverts au Christianisme.

Le sacerdoce a sa Démocratie et son Aristocratie, ses travailleurs mal payés et ses oisifs gorgés d'or ; et comme le Peuple-ouvrier, le Peuple-prêtre est tout disposé à écouter la voix du Christ prêchant la Fraternité et la Communauté.

CALOMNIES D'OUVRIERS RÉFORMISTES OU COMMUNISTES.

Nous connaissons une vingtaine d'ouvriers se disant Réformistes ou Communistes qui semblent payés par quelque Parti pour parcourir les ateliers, pour y attaquer *le Populaire* et nous personnellement, et pour y répandre toutes sortes de calomnies.

Nous leur parlerons tout-à-l'heure !

COLPORTEURS DE LIBRAIRIE.

Il est une nouvelle maison de librairie qui publie une *Histoire de France* et une *Histoire de la Révolution française*, et qui, pour les répandre dans les départements comme à Paris, organise une armée de colporteurs, tous choisis parmi des ouvriers Réformistes et surtout Communistes, qui, dans chaque ville, s'adressent à tous les Réformistes et à tous les Communistes. Ces colporteurs se trouvent essentiellement intéressés à vendre leurs *histoires* et à empêcher la vente des nôtres, à prôner leurs écrits et à déprécier nos ouvrages, à servir d'autres journaux pour avoir leur appui, et à tuer *le Populaire* pour nous ôter tout moyen de nous défendre. Il n'est sortes de calomnies que la plupart d'entre eux ne répandent contre nous pour nous enlever nos correspondants, nos abonnés, nos souscripteurs.

Voyez-vous notre position !... Nous est-il possible alors de faire la dépense d'un journal et de nombreux écrits pour l'instruction et la moralisation du Peuple ? Pouvons-nous compter sur le paiement des abonnements, des souscriptions, des ouvrages vendus à crédit pour faciliter la propagande ? Pouvons-nous entreprendre les frais énormes de notre *Histoire populaire universelle*, d'une nouvelle édition de notre *Histoire populaire de la Révolution française*, d'une nouvelle édition de notre *Voyage en Icarie* ? Qu'on y réfléchisse, et l'on verra que, pour prix de tant de travaux et de tant de dévoûment, la calomnie nous fait une position bien extraordinaire !

ORGANISATION DE CALOMNIES.

Un de nos amis nous écrivait de Londres, il y a deux mois, qu'une vaste organisation secrète, pour calomnier les Démocrates français les plus purs, semblait y exister depuis quelque temps. Nous sommes convaincu que cette organisation existe également en France, comme le Communisme Icarien, avec une direction à Paris et des correspondants dans les grandes villes ; car partout on sème les mêmes calomnies et l'on emploie les mêmes arguments, ce qui ne pourrait avoir lieu s'il n'y avait pas un mot d'ordre. Qui donne l'impulsion ? sont-ce les Jésuites, ou la Police, ou quelque Parti ? Du reste, la chose est facile avec des congrégations partout, des sociétés secrètes, des colporteurs de librairie qui partent de Paris pour se répandre dans toute la France : cinq ou six personnes suffisent ensuite dans chaque ville principale.

Si ce sont les Jésuites ou la Police qui organisent et dirigent la calomnie, ils emploient tous les Partis pour les faire concourir à leur but, et ce sont surtout des ouvriers qu'ils exploitent pour égarer la masse des ouvriers.

Mais nous allons répondre à tout, et nous triompherons comme les premiers chrétiens ont triomphé.

FOU.

Quelques-uns nous appellent *fou*. Mais tant pis pour eux ! la masse, qui adopte nos idées, leur répond qu'ils sont bien insolents ou bien insensés.

DIVISIONS.

Plusieurs Partis nous accusent, par des motifs différents, de faire de la *division* ; et comme la division est une des choses les plus funestes et les plus odieuses, ce sont les Jésuites et la Police qui poussent le plus à nous accuser de division, précisément afin de mieux établir eux-mêmes la division.

Les embastilleurs nous accusent de semer la division en combattant les bastilles. — Nous répondons que ce sont eux qui ont profondément divisé la Démocratie en demandant les bastilles et en repoussant toute discussion.

Les Anti-Communistes nous accusent de diviser en soutenant le Communisme. — Ce sont eux qui ont divisé en proscrivant le Communisme.

Les partisans des sociétés secrètes nous accusent de diviser en attaquant ces sociétés. — Ce sont eux qui divisent en s'obstinant à conserver un instrument évidemment funeste, dont la masse ne veut plus.

Les Ultra-Communistes nous accusent de diviser en défendant le mariage et la famille. — Ce sont eux qui divisent en combattant l'opinion universelle des Communistes.

Nous soutenons que personne n'a fait autant d'efforts que nous pour amener l'union et éviter les divisions. Il serait trop long de raconter ici tout ce que nous avons fait à notre retour d'exil pour tout rallier autour de l'homme que nous regardions comme le plus capable, pour créer une vaste organisation légale et patente, qui aurait compris la tête de la Démocratie dans la Chambre, dans la Presse, dans la Garde nationale et dans le Peuple, et dont *le National* aurait été l'organe en publiant, non son opinion personnelle, mais l'opinion discutée et délibérée d'une grande réunion ou d'un grand comité sur toutes les grandes questions générales, tant extérieures qu'intérieures, sur les questions d'alliance ou de guerre, sur les questions de fortifications, de socialisme, de communisme, de sociétés secrètes, sur les grandes pétitions à faire couvrir de millions de signatures. Avec une pareille organisation, on aurait évité l'embastillement, toutes les fautes et toutes les divisions qui sont arrivées depuis 1840 ; on aurait aujourd'hui, sur l'organisation du travail, une pétition signée par les travailleurs en masse.

Nous avons tout fait pour amener cette inappréciable organisation : ce sont d'autres qui ont tout perdu. Résolu à soumettre toujours notre opinion personnelle à l'opinion générale, nous n'aurions pas parlé de

Communisme si l'on avait pu s'organiser et si la majorité avait repoussé ce mot; et la preuve c'est que, pendant deux ans après son impression, nous avons suspendu la publication de notre *Voyage en Icarie*. Nous n'avons agi seul que quand nous avons vu que personne ne voulait rien faire; nous ne nous sommes publiquement déclaré Communiste que quand nous avons vu la Réforme si mal organisée que, comme l'a dit *Garnier-Pagès*, c'était un enfant mort-né.

Nous le répétons donc hardiment, personne n'a plus fait et même autant fait pour l'union; *Lamennais*, *Arago*, *Martin de Strasbourg* et *le National*, le savent parfaitement bien!

VOUS SERVEZ LA POLICE.

Le National (qui nous reconnaissait un fort honnête homme) nous accusait bien de servir l'Etranger, les Carlistes et même la Cour, en attaquant les fortifications de Paris : on peut bien nous accuser de servir M. Guizot ou la Police! Après les accusations du *National*, nous ne pouvons plus nous étonner de rien.

Parmi ceux qui nous accusent de servir la Police, les uns le font parce que nous propageons le Communisme, les autres parce que nous combattons les sociétés secrètes, l'émeute et l'attentat.

Il en est qui nous accusent de nous être vendu à la Police ou à M. Guizot ou à Louis-Philippe, sachant bien le contraire. A ceux-là, nous n'avons rien à répondre, si ce n'est qu'ils sont des infâmes, des lâches et des assassins.

S'il en est qui, trompés par la calomnie et par leur exaltation révolutionnaire, peuvent le croire de bonne foi, nous leur dirons : « Mais, malheureux, réfléchissez donc! examinez donc notre vie! voyez donc quels sont nos accusateurs! Vous cherchez à tuer un ami pour vous jeter dans les bras de vos ennemis!

Quant à ceux qui croient que notre marche est favorable au Pouvoir, nous leur dirons : « C'est là une question d'opinion, et alors il ne faut pas accuser, parce que personne n'est infaillible. Vous croyez que c'est nous qui sommes dans l'erreur, et nous, nous croyons que c'est vous. Votre opinion est que nous compromettons tout en soutenant le Communisme, en combattant les bastilles et les sociétés secrètes; tandis que notre opinion est que c'est vous qui compromettez tout en combattant le Communisme, en défendant les sociétés secrètes et les bastilles.

Quand ceux qui nous accusent de servir la Police ne sont pas ses agents, elle doit bien rire de leurs accusations!

ENDORMEUR.

C'est un *endormeur*, disent beaucoup de gens en parlant de nous.— Nous répondons encore : Calomnie ou question d'opinion! Vous prétendez que nous sommes *endormeur* parce que nous invoquons la propagande et l'opinion publique : mais nous, nous soutenons que c'est vous qui endormez avec les bastilles ou avec les sociétés secrètes, ou avec les cris de guerre et de révolution. Qu'avez-vous produit depuis 1830 avec votre réveil ? Où ne serions-nous pas si, depuis l'élan de juillet, on avait suivi la marche que nous suivons aujourd'hui ? C'est nous qui réveillons par la question sociale et par la propagande, et ce sont ceux qui s'obstinent à rester dans la vieille ornière qui sont les véritables *endormeurs*.

Du reste, l'entraînement général nous procure aujourd'hui sur ce point un éclatant triomphe ; car Ledru-Rollin, *la Réforme* et la Presse démocratique départementale viennent de proclamer enfin que le remède n'est pas dans la société secrète et l'émeute, mais dans la propagande, dans l'opinion publique et dans la pétition.

Et l'avenir nous prépare bien d'autres justifications et bien d'autres triomphes !

PAS ASSEZ RÉVOLUTIONNAIRE.

Beaucoup nous accusent d'être *trop pacifique*, de n'être pas assez révolutionnaire, tandis que d'autres nous accusent d'être le plus révolutionnaire des révolutionnaires.

C'est encore là une question d'opinion.

Sur cette question, il nous est permis probablement d'avoir un avis tout comme un autre, tout comme le premier venu.

Eh bien ! nous préférons la Réforme, sans repousser la Révolution quand l'opinion publique la déclarera nécessaire.

Nous croyons qu'il ne suffit pas d'être révolutionnaire, mais qu'il faut être bon et sage révolutionnaire ; qu'il faut l'être dans l'intérêt du Peuple ; que c'est un très-grand mal de l'être pour soi seul, cas auquel on pourrait désirer perpétuellement des révolutions afin de pouvoir plus facilement s'enrichir ; que les Fieschi, les Quénisset, les forçats libérés, sont plus révolutionnaires que qui que ce soit ; et que ce sont là de mauvais révolutionnaires.

Nous croyons qu'il y a assez d'esprit révolutionnaire ; qu'il est inutile de chercher à l'exciter ; et que ce sont surtout l'instruction et la moralisation qu'il faut augmenter par la propagande.

Nous croyons que quelque longue que paraisse cette route, elle est la plus courte et la plus sûre ; que toute autre marche rendra toute révolution et toute réforme impossibles.

Enfin nous croyons que ceux qui nous accusent sont des enfants ou des aveugles, et que ce sont eux qui méritent le reproche d'être ennemis non-seulement de toute réforme, mais encore de toute révolution.

Et tous ceux qui nous accusent de n'être pas assez révolutionnaire, nous les accusons, nous, d'être de *mauvais* révolutionnaires, de *dangereux* révolutionnaires, de *funestes* révolutionnaires.

Du reste, comme c'est la question de *révolution*, de *conspiration*, de *société secrète* et d'*émeute*, qui est la principale cause des hostilités et des calomnies contre nous, nous allons discuter à fond cette question.

Sect. 2. — Conspirations, Sociétés secrètes, Émeutes.

DIFFÉRENTES ESPÈCES DE RÉVOLUTIONNAIRES.

Beaucoup approuvent les conspirations, les sociétés secrètes, les émeutes.

Les uns sont des Agents de police et des Agents provocateurs. A ces infâmes, rien à dire; leur métier est de nous tendre des pièges; le nôtre est de les éviter.

D'autres, comme *Fieschi* et *Quenisset*, sont des voleurs, des pillards, des égoïstes qui ne pensent qu'à eux, qui sacrifieraient tout à leur égoïsme, et qui feraient couper les têtes du Peuple comme celles de l'Aristocratie... A ceux-là, rien encore à dire; ce sont des ennemis qu'il faut paralyser.

Il en est beaucoup qui sont de bons citoyens, cherchant l'intérêt public autant et plus que leur intérêt particulier, animés de tous les sentiments de justice et de fraternité, désespérés par les misères individuelles, par les humiliations nationales et par le progrès du Despotisme. Quelles que soient leurs nuances d'opinions, nous sympathisons avec ceux-ci; mais s'ils entrent dans une route qui doit les conduire à l'abîme, n'est-ce pas un *devoir* de les avertir ? S'ils dirigent le vaisseau sur un écueil, les autres passagers qui voient l'écueil n'ont-ils pas le *droit* de crier qu'ils vont tout perdre ?

Eh bien ! nous sommes profondément convaincu que les sociétés secrètes, etc., ne peuvent être que funestes à nous tous.

Or, chacun agit d'après ses convictions; s'il en est qui, par dévoûment patriotique, donneraient leur vie pour propager les sociétés secrètes, etc., nous, par le même dévoûment, nous donnerions la nôtre pour les empêcher.

CE QUE NOUS ENTENDONS PAR SOCIÉTÉS SECRÈTES.

La Société, l'association, est la chose du monde la plus naturelle, la plus utile, la plus nécessaire même, à tel point que rien ne se fait que par Société, par Association.

L'un des plus grands reproches qu'on puisse faire à un Gouvernement, c'est d'interdire les *Associations publiques* : rien ne ressemble plus au Despotisme et à la Tyrannie !

Dans ce cas, le premier mouvement chez tous les hommes généreux, c'est d'approuver et de désirer les *Sociétés secrètes*, et d'être étonné quand un ami de la liberté repousse les Sociétés secrètes : il faut donc bien s'entendre à cet égard; car on donne généralement le nom de *Sociétés*, et, par conséquent, de *Sociétés secrètes*, à beaucoup de réunions sans publicité et sans mystère, qui ne sont pas de véritables *Sociétés*.

Par *Société secrète*, nous entendons la Société *conspiratrice* et *révo-*

lutionnaire, dans laquelle il y a des conditions d'opinion politique, des réceptions, des engagements, des serments, des armes, des chefs, des assemblées périodiques, des ordres du jour.

C'est celle-là qu'on appelle généralement et plus spécialement *Société secrète*, et c'est celle-là que nous combattons, parce qu'elle est sévèrement défendue par les lois, parce qu'il est impossible de la soustraire à l'action de la Police, parce qu'elle lui donne un prétexte pour toutes les vexations et les persécutions, parce qu'elle ne fait que des victimes, parce qu'elle est, en définitive, aussi funeste au Peuple que favorable au Despotisme.

Et l'un de ses principaux inconvénients, c'est que, quand elle existe notoirement, elle fournit au Pouvoir une arme pour ne souffrir aucune espèce de Société ou d'Association.

S'il n'existait aucune Société secrète conspiratrice, nous serions plus hardis tous pour toutes autres espèces de Sociétés et de réunions, et le Pouvoir bien plus embarrassé pour les attaquer !

Alors nous engagerions tous les Communistes et tous les Démocrates à se réunir chez eux, entre amis, les dimanches, pour discuter, pour répandre l'instruction et la moralisation.

La grande affaire est donc de faire abandonner les Sociétés secrètes, qui enlèvent les moyens de salut et qui perdent; le grand service à rendre, c'est de démontrer combien elles sont funestes.

CARACTÈRE FRANÇAIS.

Il y a des Peuples (surtout les Peuples subjugués qui conspirent contre le joug étranger) qui, par habitudes et par mœurs, sont plus propres à la conspiration et à la Société secrète.

Par caractère, à cause de son ardeur, de sa franchise, de sa vanité même, le Français est peut-être le moins capable de conspirer.

Si la conspiration ou la Société secrète ne devait durer qu'un mois, encore !... mais si son existence doit durer long-temps, impossible !...

SOCIÉTÉS SECRÈTES PARMI LES OUVRIERS.

Les Aristocrates, les Prêtres, les Bourgeois, les Patrons, les Étudiants, les États-majors peuvent encore conspirer, parce qu'ils sont peu nombreux, riches, expérimentés, habitués à la dissimulation et à l'obéissance, parce qu'ils ont des salons, des dîners, des concerts, des parties de chasse, toutes les occasions et toutes les facilités pour se réunir et se concerter.

Le Peuple, au contraire, n'a aucune des qualités du Conspirateur, aucun moyen, aucune facilité pour conspirer; tout est obstacle, difficulté, impossibilité à son égard; et pour qu'il réussît en conspiration, il faudrait qu'il eût mille fois plus d'habileté et de génie.

L'ancien duc d'Orléans, avec sa grande position et son immense fortune, aidé par les Mirabeau, les Lameth, les Sièyes, par une partie de la Cour et par la Bourgeoisie, — Bonaparte, au 18 brumaire, avec un grand nombre de législateurs, de généraux, et même de membres du gouvernement, — Christine, avec un Parti puissant et l'appui d'un cabinet étranger, — ont bien pu conspirer et réussir... Et encore, que d'incertitudes, que de défaites avant le succès ! que d'impuissants efforts de la Charbonnerie, quoique Lafayette, une foule de Députés et de Généraux se trouvassent à la tête de la Bourgeoisie !...

Mais que des ouvriers réussissent, cela nous paraît impossible.

Et peu de personnes peuvent avoir une opinion plus éclairée que la nôtre à cet égard ; car nous avons été membre du Comité directeur de la Charbonnerie, et le membre le plus actif ; nous avons fait partie de presque toutes les sociétés jusqu'en 1834, et nous avons connu et entendu un grand nombre d'ouvriers qui ont fait partie des sociétés depuis cette époque jusqu'aujourd'hui. Il est donc peu de personnes qui connaissent aussi bien que nous les défauts et les vices, les inconvénients et les dangers des sociétés secrètes entre les ouvriers.

DÉFAUTS ET DANGERS DES SOCIÉTÉS SECRÈTES.

Des volumes ne suffiraient pas pour dire tout ce que nous savons : nous ne donnerons qu'une idée.

RÈGLEMENTS. — On fait de beaux règlements, bien sévères, mais inconnus ou constamment violés, et qui ne sont utiles qu'à la Police, quand elle les saisit.

SERMENTS. — On fait des serments terribles ; on jure sur des poignards ; on se voue à la mort en cas de trahison ; on s'engage à immoler les traîtres : les Quénisset écrivent leur serment avec leur sang ; mais l'impunité encourage au parjure.

ADMISSION. — C'est la *quantité* qu'on cherche plus que la *qualité* ; c'est à qui recrutera le plus ; tout est bon pour les recruteurs ; les plus fanfarons, les plus pourfendeurs sont les meilleurs.

IVROGNES. — Que d'ivrognes dans les sociétés secrètes ! Nous en connaissons qui ont tout dit dans l'ivresse, qui ont perdu des ordres du jour !

IMPRUDENTS. — Que d'hommes imprudents, ou sans expérience ou sans habileté, dont les fautes peuvent tout compromettre ! Dans une des grandes affaires qui ont fait le plus de mal, un jeune homme était allé parcourir les boulevarts pour juger sur les physionomies s'il était temps d'agir, et il avait jugé que toute la population était impatiente de se lever, tandis que personne n'y pensait. — Des ouvriers buvant au comptoir, dans un cabaret, la porte ouverte, parlaient si haut, qu'un autre ouvrier, passant dans la rue, les entendit très-distinctement dire qu'on venait d'acheter de la poudre pour faire des cartouches.

Indiscrets. — On apporte une lettre à un ouvrier, pendant qu'il travaille dans sa boutique, en présence de deux camarades qui viennent le voir. « Voyons cette lettre, dit l'un d'eux ! » Et il la prend, la décachette et la lit, sans que l'ouvrier ose l'en empêcher. Et cette lettre était importante, confidentielle, écrite pour lui seul !

Femmes. — Quenisset rentre tard et sa femme l'accuse d'aller voir une autre femme. Pour calmer sa jalousie, il lui confie qu'il va dans une société secrète avec un tel, un tel, et lui raconte tout. — Une autre femme, intriguée par une réunion qui doit avoir lieu chez son mari, se cache dans un cabinet et entend tout ce qu'on dit dans une séance où l'on conspire. — D'une manière ou d'une autre, les femmes des sociétaires savent tout, sans avoir prêté aucun serment ni pris aucun engagement qui les lie, en sorte que toutes les précautions prises envers les hommes sont inutiles, et que tout se trouve à la discrétion d'un grand nombre de femmes ! Et ces femmes ne sont souvent que des maîtresses qui se brouillent, qui quittent, qui veulent se venger. — Dans une rupture de ce genre, l'une d'elles criait, tout récemment, dans la rue, que son homme était un chef de mouchards, et que Paul, Pierre, Jacques, etc., étaient aussi des mouchards qui venaient tous les jours lui faire leurs rapports. — Une autre femme disait : « Ah ! les patriotes ne veulent pas nous donner 200 fr. dont nous avons absolument besoin ! Eh bien ! les Carlistes nous les donneront ! »

Exagérations, Mensonges, Crédulité, Confiance. — Quenisset rencontre un soir un inconnu, bien mis, couvert d'un manteau, qui l'aborde et cause avec lui : il lui raconte tout. — Si l'on parle d'un Général, on croit et l'on se réjouit. — Si un mouchard se présente avec un manteau sous lequel il laisse apercevoir comme par mégarde un ruban, ou une croix, ou une épaulette, on croit que c'est un Général... — Plus les uns exagèrent, plus les autres croient. Et que d'exagérations, que de mensonges pour donner de l'ardeur, pour calmer l'impatience ou empêcher le découragement ! On parle de *trésor*, de *magasin*, d'*arsenal*, d'*armée révolutionnaire*, de *généraux*, de *colonels*, de grands personnages, lorsqu'il n'y a rien..... Dans l'affaire Quenisset, on a vu le *trésor*, l'*arsenal*, l'*armée révolutionnaire* ! S'il y avait un arsenal, il faudrait n'en jamais prononcer le mot; mais on en parle quand il n'y en a pas, comme si l'on voulait compromettre : c'est précisément le contraire de ce qu'il faudrait faire ! Mais avec les éléments qu'elle possède, la société secrète ne peut vivre que par le mensonge. Pour entraîner les hommes du 12 mai, on leur avait dit qu'il y avait un Comité directeur composé de hauts personnages, que les combattants seraient nombreux, 1,200 au moins, et qu'on avait des armes prêtes à leur être délivrées. Mais où étaient les armes ? Chez un armurier, qu'on croyait trouver chez lui dans son magasin ouvert, tandis qu'il a fallu escalader, enfoncer, et perdre un quart d'heure qui en a fait fuir beaucoup et qui a tout perdu. Et où étaient les 1,200 ? Les plus bavards, les plus fanfarons, les plus provocateurs, manquaient à l'appel ? Et quand, à l'Hôtel-de-Ville, on demanda le Comité, quand on déclara que c'étaient Barbès, Blanqui, etc., qui formaient le Comité, les uns ne s'enfuirent-ils pas épouvantés ? D'autres ne voulaient-ils pas les fusiller ? Les braves qui restèrent avec eux ne crurent-ils pas alors qu'ils marchaient au trépas ?

QUEUE POUSSE LA TÊTE. — Et là, au 12 mai, comme toujours, ne fut-ce pas la *queue* (comme on dit) qui poussa la *tête*, qui l'entraîna par son *impatience ?* N'est-ce pas toujours, dans les Sociétés secrètes, le soldat qui force la main au général ? et n'est-ce pas un contre-sens ?

IMPATIENCE. — Et quoi de plus naturel, de plus inévitable que cette impatience, puisque, pour retenir et encourager les soldats, on les trompe toujours en leur parlant de trésor, d'arsenal, d'armée nombreuse, de généraux, puisqu'on leur promet toujours le combat et la victoire pour demain ?

ACCUSATIONS, CALOMNIES. — Quoi de plus naturel encore que les accusations de lâcheté et de trahison de la part de la queue contre la tête, quand on lui a dit si souvent que la victoire était certaine, et quand elle voit qu'on va laisser passer sans en profiter des occasions que son ignorance doit lui faire regarder comme favorables ? Et tandis que le brave, généreux et fidèle Barbès et ses amis étaient accusés de trahison, tandis que cette accusation les entraînait malgré eux, les accusateurs donnaient peut-être leur confiance à des perfides et à des traîtres qui les poussaient : mais tout cela n'est-il pas la conséquence infaillible des Sociétés secrètes ?

REVUES, PERMANENCES. — Que dirons-nous de ces *revues* fréquentes, de ces mises en *permanence* qui font perdre tant de temps, qui trompent, qui font jouer à des hommes un jeu d'enfants, en les faisant *jouer au soldat*, et qui finissent par les dégoûter en les compromettant ?

DÉGOUT DU TRAVAIL. — Et puis, quel attrait peut avoir le travail pour les hommes que dévore la fièvre de la politique ? L'un des grands inconvénients des Sociétés secrètes, c'est de jeter les ouvriers dans l'oisiveté, et par suite dans la débauche !... Pour les chefs surtout, la Société secrète devient un *métier* qui les nourrit avec les cotisations données pour acheter des munitions !

DÉMORALISATION, AMBITION. — Quelle démoralisation ne doit pas résulter, pour les chefs, de l'habitude de ruser, de mentir, de tromper ? Qui ne sait que chaque chef de section s'habitue à se croire un général, qui dit *mes hommes* et qui commande comme un petit dictateur ? Combien n'en connaît-on pas qui se croient capables des plus éminentes fonctions, et qui prétendent bien qu'ils seront Préfets, Colonels, Généraux, Consuls même ? Ne pourrait-on pas en citer beaucoup qui sont plus durs, plus despotes, plus insolents envers ceux qu'ils appellent leurs frères ou leurs hommes, que ne le seraient des Aristocrates ?

ORDRES DU JOUR. — Que dire des *ordres du jour* où tout est nécessairement exagéré pour entretenir la fièvre révolutionnaire ; où l'on
ne parle que de tyran, d'insurrection, de révolution ; qu'on dit rédigés
par des hommes importants, quand ils sont l'œuvre de quelque fou ;
qu'on imprime pour leur donner plus d'autorité, et qu'on dit imprimés
par l'*Imprimerie nationale* et par décision du *Conseil exécutif de la
République ;* qu'on envoie par la *poste* ou par la diligence, dans toutes
les villes et même dans des villages ; et qui n'ont d'autre effet que d'a-
vertir la Police et de tout compromettre ? Le diable s'en mêlerait qu'il
ne ferait pas mieux !

PRESSE CLANDESTINE. — Que dire aussi de ces *Moniteurs républicains* qui prêchent l'attentat et donnent un prétexte pour toutes les
persécutions, et de ces *presses clandestines* dont le secret est connu
d'une foule d'individus, qui sont confiées à d'anciens conspirateurs, dé-
nonciateurs de leurs camarades, et qui tombent toujours dans les mains
de la Police ?

ARRESTATIONS, PROCÈS. — Et quand ils sont arrêtés, ces malheureux ouvriers ! quand on les jette dans des cachots humides, étroits et
obscurs, au secret pendant des mois !.. Quelle épreuve pour des hommes
qui ne se sentaient forts que parce qu'ils sentaient les coudes de leurs
camarades ! Pour des prolétaires qui ne parlaient qu'à des prolétaires,
quelle épreuve encore que de se trouver face à face avec un Juge d'instruction, avec un Procureur du Roi ou un Procureur-général, avec un
Préfet de Police ou un Ministre, avec un Premier Président ou un
Chancelier de France, avec un Tribunal, ou une Cour d'assises, ou
une Cour des Pairs ! Et quand ces hauts fonctionnaires, qui se croient
tout permis envers eux, parce qu'ils les croient coupables, emploient
tous les moyens pour exploiter leur ignorance et leur inexpérience,
pour les épouvanter ou les séduire, pour arracher d'eux des aveux, des
révélations et des dénonciations, comment pourront-ils se défendre et
résister ? Placés entre la condamnation, la ruine, la captivité, et peut-
être l'échafaud, d'un côté, et de l'autre l'indulgence, la protection, et
peut-être les faveurs et la fortune, comment auront-ils assez de vertu,
assez d'héroïsme ?... Plus l'accusé est coupable, plus, en général, sa
trahison est certaine !.... Quel horrible rôle ont joué les Fieschi, les
Borel, les Quenisset !... Que de conspirateurs ont été convaincus et
condamnés par la faiblesse, l'ignorance, l'inexpérience, l'égoïsme, la
lâcheté, la trahison, le parjure d'un complice ! Quel ignoble et désolant
spectacle ont présenté le plus grand nombre des procès de complot ou
de sociétés secrètes, où l'on a vu tant de prétendus révolutionnaires s'a-
vilir par le mensonge et par le reniement de leurs principes !

ARRESTATIONS DES FEMMES. — Et quand on arrête les femmes, les
filles, les enfants des accusés, qui savent ordinairement tout ou beaucoup
de choses, comment auront-ils assez de fermeté et de raison pour ne pas

faire des aveux, des révélations, des dénonciations qui pourront compromettre tout un Parti?

SECRET DANGEREUX. — Et quel danger dans le secret dont s'enveloppe la tête! si c'est un ambitieux, un spéculateur à la Bourse, un Carliste, un mouchard!...

SOCIÉTÉ RIVALE. — Et quel danger encore dans l'existence d'une autre société secrète rivale! On a vu des hommes repoussés comme trop violents, trop immoraux, trop bavards, trop fous, s'organiser en société particulière, puis prendre l'initiative, faire une émeute dans l'espérance d'entraîner toutes les autres sociétés, et tout compromettre... Les Carlistes pourraient en faire autant dans l'espoir d'entraîner les Républicains.

COALITIONS. — Que de mal n'a pas fait l'accusation d'alliance Carlo-Républicaine! Et la vérité est que, dans leur impatience, quelques-uns des soldats les plus intrigants préféreraient tout à l'inaction, et violeraient leurs serments pour se coaliser avec ceux qui pourraient leur fournir de l'argent et des armes.

VANITÉ. — Que l'on caresse la vanité d'un petit chef subalterne, en lui faisant croire qu'il est influent, en offrant de traiter avec lui comme avec un représentant du Parti, on en fera tout ce qu'on voudra!

POLICE. — Sa mission principale est de surveiller et de neutraliser les Sociétés secrètes. Pour y parvenir, elle n'aurait pas absolument besoin d'y entrer; il lui suffirait d'ouvrir les yeux et les oreilles, d'écouter et de regarder à la porte, et même d'avoir quelques hommes habiles (ce qui ne lui serait pas difficile) qui gagneraient la confiance de quelques meneurs et qui connaîtraient tout par eux : il y a à Paris et ailleurs une douzaine ou une vingtaine d'hommes qui savent tout et qui peuvent tout apprendre à la Police par leur vanité et leur indiscrétion, par leur aveugle crédulité et leur excessive confiance.

Mais la Police fait plus; elle veut des Sociétés secrètes, parce que ce sont des *cages* dans lesquelles elle renferme tous ses ennemis les plus révolutionnaires pour en faire ce qui lui est utile; c'est elle qui les conserve, qui les organise et qui les dirige, au moins pour quelques-unes, et ses agents sont en foule parmi les provocateurs, les organisateurs et les directeurs des Sociétés secrètes.

C'EST LA POLICE QUI DIRIGE LES SOCIÉTÉS:

La Police a-t-elle intérêt à organiser, à provoquer, à diriger, à corrompre, à compromettre, à perdre?... — Oh! c'est évident.

Peut-elle vouloir le faire?... — Oh! c'est tout simple, puisque malheureusement c'est son métier!

Le fait-elle en réalité?... — Oh! c'est incontestable, indubitable, mille preuves le démontrent... Pour ne pas le faire, il faudrait qu'elle fût *bien bête* ! et jamais Police n'a été plus adroite et plus résolue à tout !

Les Partis ne peuvent pas même lui reprocher de les prendre en traître ; car elle les a prévenus qu'elle allait avoir une CLÉ D'OR !...

Et depuis quinze ans, elle a plus de 45 millions pour séduire ou corrompre, pour ouvrir toutes les portes, pour entrer partout. Jamais Police n'a été si riche ! il n'y a pas de sacrifices qu'elle ne puisse faire pour corrompre tout ce qui est corruptible, pour acheter tout ce qui est à vendre...

Et personne ne connaît mieux qu'elle tout ce qui est dans le besoin et la misère, tout ce qui est esclave de quelque passion, tout ce qui est corruptible et vénal ; elle exploite toutes les misères, tous les vices, souvent les délits et les crimes. Quand un coupable quelconque est sous sa griffe, elle lui présente, d'un côté, la prison, le cachot, la condamnation, la flétrissure et l'infamie, la ruine et la misère, et de l'autre, l'impunité, les faveurs, l'or et même la considération, le pouvoir et les honneurs.

Quelle masse d'agents et de mouchards ne doit-elle pas avoir partout ! quelle masse de malheureux, corrompus et achetés, ne doit-elle pas avoir au milieu des patriotes pour les perdre !

Et par quels moyens ! En les divisant, les provoquant, les trahissant et les dénonçant !

Oui, ce sont surtout ces misérables qui sèment partout la division et la provocation, et qui poussent aux sociétés secrètes.

Et comme *le Populaire* est le seul journal qui combatte la société secrète et la violence, c'est contre *le Populaire* qu'ils dirigent tous leurs efforts.

Oui, la Police, comme les Jésuites, doit tout faire pour tuer ou paralyser *le Populaire*, comme pour organiser les sociétés secrètes ; cela est manifeste, indubitable, certain.

Et pour perdre *le Populaire*, ses agents répandent toutes les critiques, tous les soupçons, toutes les calomnies, et s'efforcent surtout de faire créer d'autres journaux en concurrence auprès desquels ils se réunissent pour attaquer le premier.

Et ils sont bien plus actifs à nous attaquer que nos amis à nous défendre, parce qu'ils ont plus de temps à consacrer à leurs manœuvres, parce que c'est leur principal *métier*, parce qu'ils reçoivent des gratifications proportionnées à l'importance des services qu'ils rendent.

Et pour mieux tromper et entraîner les ouvriers dans les sociétés secrètes ou contre *le Populaire*, ce ne sont pas des Messieurs que la Police choisit pour ses agents, mais ce sont des membres de ces sociétés ou des ouvriers, qui peuvent s'introduire partout au milieu des travailleurs, dans leurs ateliers, dans leurs cabarets, dans leurs guinguettes, et qui abandonnent même leurs professions pour en prendre de nouvelles qui les mettent en rapport avec un plus grand nombre de prolétaires.

Et ces ouvriers-agents prennent tous les masques, tous les titres,

Démocrates ou Républicains avec les Démocrates et les Républicains, Réformistes avec les Réformistes, Socialistes avec les Socialistes, Communistes avec les Communistes. Ils se disent surtout les patriotes, les braves et les révolutionnaires par excellence, traitant les prudents de poltrons et de lâches.

Et nous qui sommes en rapport avec la masse des travailleurs, nous voyons que leurs calomnies et leurs manœuvres font *bien du mal*, parce que le nombre des ignorants et des crédules est encore trop grand, parce que des étrangers ou des hommes de bonne foi qui ne nous connaissent pas se laissent aisément égarer par la calomnie.

Et le mal est d'autant plus grand que nos simples adversaires, nos rivaux politiques, nos concurrents socialistes, nos dissidents Communistes, des hommes honnêtes et sincères, font, sans le savoir et sans le vouloir, cause commune avec la masse des agents de la Police.

Mais, comment découvrir les agents de la Police? Voilà l'essentiel!

Cependant, avant de l'examiner, arrêtons-nous encore un moment pour citer *quelques exemples* qui démontreront plus complètement le danger des Sociétés secrètes.

QUELQUES EXEMPLES DE SOCIÉTÉ SECRÈTE.

Vers 1842, Luap, se disant *grand-maître* de la *Charbonnerie réformée*, vint d'Italie, de Marseille et de Lyon, pour l'organiser à Paris, quoique simple *cordonnier*.

Il paraît qu'il était inconnu à Lyon quand il y arriva de Marseille, avec une lettre d'un ouvrier nommé Carpe, qui le recommandait à un ami.

Sans autre précaution, quelques ouvriers, anciens carbonari, révolutionnaires impatients, le reçurent, lui donnèrent leur confiance et organisèrent avec lui la *Charbonnerie réformée*.

Mais il existait à Lyon plusieurs autres petites sociétés secrètes qui furent mécontentes de cette nouvelle organisation et qui crièrent contre Luap. Les uns le suspectaient et l'accusaient, les autres le défendaient, sans qu'on pût s'expliquer contradictoirement, puisque tout était société *secrète*: c'était la confusion et le chaos. — Cependant on écrivit à Carpe, à Marseille, pour savoir enfin ce qu'était Luap, et Carpe répondit que sa première lettre lui avait été surprise ou arrachée, qu'il avait eu l'intention d'en écrire une seconde pour l'annuler, que Luap était un homme suspect et qu'il fallait s'en défier.

La nouvelle société de Luap se désorganisa, au grand mécontentement de Luap: mais, peu après, une presse clandestine fut saisie, beaucoup de malheureux ouvriers furent arrêtés et condamnés, tandis que Luap, secrètement accusé par eux, vint tenter une pareille organisation à Paris.

Un jour, Tura me fait (c'est un témoin oculaire qui va raconter) inviter par Juli à venir dans une réunion chez un restaurateur. J'y trouve Tura, Juli, Cagny, un Italien, un Russe, six autres personnes, dont plusieurs me sont inconnues, et dont d'autres sont très-jeunes, et Luap en blouse.

« Je suis, dit-il, *Grand-Maître* de la *Charbonnerie réformée*, autorisé à l'organiser partout. Je l'ai organisée à Marseille et à Lyon, et je viens l'organiser à Paris. J'ai pris des informations sur vous; je sais que vous êtes les hommes les *plus influents* sur le Peuple, et je vous ai convoqués pour être mes premiers et mes principaux initiés. »

« Moi, lui dis-je, je n'approuve plus les sociétés secrètes. Quelles sont celles qui ont réussi ? Ce sont elles au contraire qui nous ont perdus.... C'est la Police ordinairement qui les dirige. Puis, les bavards, les traîtres....

— Oh ! nous avons des moyens si *énergiques* contre les indiscrets et les traîtres !...

— Oui, mais tous les formulaires ne disent-ils pas « *Que ton sang retombe sur ta tête* »? et cette menace a-t-elle empêché les bavardages et les trahisons?

— On n'a jamais mis la menace à exécution; mais nous, nous exécuterons... Votre propagande demande des siècles, tandis que nous, nous réalisons tout de suite, immédiatement.

Et comme il s'aperçoit bien que je le suspecte, il ajoute : « Tenez, voilà (en montrant l'Italien) un de *mes enfants* de Marseille.

Je me lève alors pour sortir... — C'est inutile, dit-il, restez; car nous n'arrêterons rien aujourd'hui. D'ailleurs nous avons toute confiance en vous... — Mais moi, à votre place, je ne confierais rien à quiconque n'approuverait pas mon projet.

Le Russe dit aussi qu'il ne veut pas de société secrète, et néanmoins on le fait rester, et l'on continue devant nous.

« Peut-on entrer dans votre société quand on fait déjà partie d'une autre, demande Tura ? — Je fais partie de cinq, répond de Luap !

« Il faut, ajouta-t-il, commencer par organiser un Comité de cinq membres. — Eh bien ! choisissez-les, lui répond quelqu'un... — Mais je ne connais pas les *plus capables;*... qu'ils se posent eux-mêmes !

Moi ! dit Cagny en se levant — Moi ! dit Tura. — Moi ! dit Juli. — Moi ! dit un quatrième. — Moi ! dit un cinquième.

« Voilà une bonne opération de faite, dit Luap : le reste, à demain. Où nous réunirons-nous ? — Chez V....., cabaretier, rue....., n....., à huit heures. — Accepté. »

Et tout cela en présence de deux opposants !

Sortant avec Tura, je lui dis : « Je ne comprends pas comment tu peux entrer dans une pareille affaire ! — Il faut bien quelque moyen pour donner l'impulsion!... »

Deux ou trois jours après, ils complètent leur organisation chez l'un d'eux, dont la femme, poussée par l'inquiétude ou la curiosité, s'est cachée, dit-on, dans un cabinet voisin pour les entendre.

Quinze jours après, Torvic, se promenant avec moi, me dit : « Crois-tu que cette affaire sera bonne?... — Quelle affaire?... — La société... — Quelle société?... — La *Charbonnerie réformée*... — Comment ! tu es là-dedans?... — Mais toi aussi... on me l'a avoué pour m'y faire entrer; et je n'y suis entré qu'à cause de toi... — Mais, qui te l'a dit ? — C'est Tura... — Eh bien, il t'a menti ! J'ai refusé... Ce Luap m'est suspect ;... c'est un mouchard !... Retire-toi bien vite de ce guêpier !... — Puisqu'ils m'ont trompé, je les quitte ;... mais, comment faire ? ils me poignarderont!... — Bah !... bah !... — Mais tu ne sais donc pas que nous avons chacun un *poignard ?* »

(Et comme Luap avait dit que les réceptions se feraient en présence de tous les membres, de 500, si l'on était 500, il y aurait 500 poignards ! Quel beau coup pour la Police, si elle était venue faire une râfle !)

« Quand j'ai été reçu, ajoute Torvic, tous étaient là. On m'a bandé les yeux, on m'a mis un poignard à la main et l'on m'a dit : « Quand nous avons un traître « à punir, c'est au nouveau venu à le poignarder. Voici un traître : tiens, touche- « le (et je l'ai touché de la main gauche). Si tu te sens le *courage* d'entrer dans « notre société, frappe !... » J'ai levé le bras pour frapper, mais on m'a arrêté en me disant : « Comment, malheureux !... tu vas frapper un homme sans savoir « s'il est coupable ! »

Voici maintenant le stratagême employé par Torvic pour se retirer sans danger : il se fait écrire, par je ne sais qui, une lettre dans laquelle une femme liée avec de grands personnages et s'intéressant à lui le prévient que la Police vient de tout apprendre et qu'elle prend ses mesures pour les faire arrêter tous: Nanti de cette lettre, reçue par la poste, il court la montrer au comité d'un air très-effrayé; l'effroi gagne presque tout le monde. Luap et quelques autres ont beau soutenir que cela est impossible, Torvic déclare qu'il se retire; la masse déclare aussi que c'est le parti le plus sûr, et tout se désorganise. »

Eh bien! y en a-t-il là de la légèreté, de l'imprudence, de l'excessive confiance, de la vanité, de l'ambition, de la folie et de la déloyauté! Voilà des hommes qui se croient l'élite et la tête du Peuple! voilà les directeurs de la nation! voilà les beaux principes et la belle révolution qu'ils préparent!

Nous avons vu une lettre de Marseille dans laquelle on disait :

« Il y a une Société secrète qui veut marcher; mais elle est très-peu nombreuse; beaucoup de ses membres sont des hommes corrompus qui ne travaillent pas et qui sont toujours dans les cabarets. Nous faisons tous nos efforts pour les retenir; et, s'il y a quelque chose, tu pourras être sûr que ce sera cette fraction. »

Nous avons appris, depuis, qu'un des principaux accusés dans le grand complot de Marseille avait tout *révélé*, avant le procès, par suite des menaces que de grands fonctionnaires étaient allés lui faire eux-mêmes dans son cachot, de sorte que ce sont souvent ceux qui provoquent et entraînent les autres par leur violence qui les font condamner par leurs révélations!

Voyez un autre exemple curieux :

« En 1842, plusieurs petites Sociétés secrètes (maintenant dissoutes) existaient à Lyon, *la Jeune Europe*, *le Soleil*. Valroy, ouvrier, agent carliste, avait organisé l'une d'elles en la composant d'ouvriers patriotes et révolutionnaires. Pour obtenir leur confiance, il faisait le patriote exalté, et, pour détourner les soupçons, il se déchaînait contre les carlistes.

« Pour mieux se les attacher, il les entraînait au cabaret, y faisait beaucoup de dépenses, payait pour eux et leur faisait quelques petits prêts (car il avait beaucoup d'argent). — Il s'était fait ainsi un Parti assez nombreux (d'une centaine d'hommes), dont les meneurs étaient des jeunes gens et des viveurs qui l'aimaient beaucoup.

« Voulant fondre avec la sienne une autre petite société d'ouvriers patriotes, il fit entamer une négociation entre les deux Comités et confia qu'il avait des *tromblons* et 20,000 fusils dans le château d'un riche patriote.

« Cependant quelques-uns soupçonnaient qu'il n'était qu'un Carliste déguisé qui voulait les exploiter, et, pour s'en assurer, l'un d'eux, connu pour son patriotisme, feignit, du consentement de ses camarades, d'être secrètement dévoué à la duchesse de Berry, dont il admirait le courage. Dans son ravissement, Valroy lui sauta au cou. Puis, il lui fit presque toutes ses confidences, lui développa ses plans et lui promit 20,000 fr avec un emploi, disant qu'il aurait lui-même 200,700 fr.

« Je sais, lui dit-il, que les ouvriers patriotes ont pleine confiance en toi;
« nous mettrons tout, et tout ira bien... Je te donnerai la *liste des chefs* qu'il
« faudra proclamer, soit au milieu du combat, soit après; mais il ne faudra
« nommer les principaux qu'après la victoire, parce que, si nous prononcions
« leurs noms auparavant, le Peuple verrait qu'ils sont Carlistes et ne voudrait pas
« se battre, tandis que, quand nous aurons triomphé, toi et moi nous aurons assez
« d'influence pour les faire accepter. »

« Nous ne dirons pas comment on acquit la preuve incontestable qu'il était en en effet l'agent des Carlistes; ce serait trop long : il nous suffira d'ajouter qu'il fut démasqué et convaincu, dans une grande réunion composée de commissaires pris dans les deux sociétés, que la masse des siens l'abandonn i, et que les Carlistes l'employèrent alors d'une autre manière.

Nous ajouterons cependant encore que les *viveurs* qui l'entouraient parurent très-mécontents qu'on l'eût démasqué, prétendant qu'il aurait fallu se servir de l'argent et des armes des Carlistes pour obtenir la victoire, sauf à les repousser après le combat »

Voilà comme les *viveurs* sont faciles et dangereux ! Voilà comme les Partis cherchent à exploiter le Peuple ! Voilà comme les Ouvriers sont souvent les instruments de leurs ennemis !

Méditez bien cet autre exemple :

Nous ne dirons ni où ni quand le fait est arrivé : mais des centaines de personnes le connaissent.

Vernal était membre d'un comité de cinq, pour une assez grande Société secrète, et l'on se croyait bien en sûreté avec un Comité de cinq. « Quand le Diable y serait, disait-on, il n'y aura pas un mouchard sur cinq ! »

Eh bien ! le plus grand des hasards fait trouver dans la rue, en plein jour, une grosse *lettre* adressée au principal fonctionnaire de la Police, et contenant un *rapport* à peu près ainsi conçu :

« Hier, nous n'avons rien décidé parce que Y. est venu trop tard. Nous nous sommes ajournés à demain. Nous avons arrêté que A.... et B.... seraient écartés comme incapables, et que X.... Y.... et moi nous formerions seuls le *Comité*. »

Pour ceux qui savaient que Vernal était le cinquième membre, il était clair que Vernal était celui qui paraissait avoir écrit la lettre.

D'ailleurs à cette lettre s'en trouvait jointe une autre écrite par X... à Vernal, portant l'adresse de celui-ci, à lui envoyée par la poste, et communiquée à la Police pour lui montrer que X.... l'engageait à convoquer *les Sections*.... Cette lettre adressée à Vernal et envoyée au Chef de la Police, indiquait encore que le rapport était l'œuvre de Vernal.

Le hasard voulut encore que le trouveur de la grosse lettre connût l'un des individus nommés, et la lui apportât.

Celui-ci ne douta pas que Vernal en fût l'auteur. Les autres membres partagèrent cette opinion, et furent très-effrayés, surtout X...., qui se trouvait plus compromis et qui pouvait compromettre d'autres personnes avec lesquelles il avait des relations intimes.

L'examen attentif de l'écriture du rapport, et sa comparaison avec d'autres lettres contenant l'écriture et la signature de Vernal, ne laissèrent aucun doute sur sa culpabilité.

Nous ne dirons pas toutes les démarches faites pour obtenir la destruction de ces pièces, que plusieurs voulaient conserver, ni comment elles furent détruites : elles le furent, mais la société secrète fut en même temps dissoute et désorganisée.

Eh bien ! y a-t-il de la sécurité dans les sociétés secrètes ? Les traîtres sont-ils à craindre partout ?

D'ailleurs, qui ne sait que des Préfets de Police destitués ou démissionnaires ont souvent avoué qu'il n'y a presque aucun Comité de sociétés secrètes dans lequel la Police n'ait pas un rapporteur qui lui envoie des rapports sur les principales opérations ?

Et du reste, remarquez que si Vernal et si Luap étaient réellement des perfides, la Police sait tout sur X... et Y..., comme sur Tura et autres, et qu'elle a beau jeu contre eux pour les menacer et les effrayer quand elle peut les tenir sous ses griffes !

Voici un autre exemple bien instructif dont nous regrettons bien de ne pouvoir donner les détails :

« Des membres d'une grande Société secrète formaient, au nombre de cinq ou six, une petite Société particulière qui préparait une machine incendiaire. Rien n'était plus grave et plus compromettant. Il avait été formellement convenu qu'aucun d'eux n'en parlerait à personne sous aucun prétexte; mais l'un d'eux, violant ses engagements, confie le secret commun, à l'insu des autres, à un ancien révolutionnaire qu'il croit digne de toute confiance, mais qui n'est plus qu'un mouchard, et tous sont arrêtés avec plus de quatre-vingts personnes innocentes. »

On ne saurait croire combien de prétendus conspirateurs violent ainsi leurs engagements sur le secret et compromettent tous leurs amis et même tout leur Parti !

Écoutez un autre exemple assez frappant dont nous tenons le récit d'un ouvrier qui nous inspire toute confiance :

« X..... détenu avec moi dans la prison de ..... prenait si bien le langage d'un démocrate, d'un communiste, d'un révolutionnaire dévoué, qu'il sut m'inspirer une confiance entière, ainsi qu'à mon camarade B..... Communiste comme moi. Cependant ce n'était, comme nous l'avons ensuite appris, qu'un mouton et un mouchard chargé d'entraîner les Communistes dans un grand complot, et à qui l'on avait remis une somme assez considérable à cet effet. Il sortit quelques temps après nous et ne tarda pas à venir me voir pour me confier le plan d'une machine infernale et me proposer de l'aider dans l'exécution, se disant lié avec des chefs du Parti qui lui donneraient tout l'argent nécessaire. Je devinai que c'était un agent provocateur; et, pour l'éprouver, je parus consentir et demandai 15,000 fr. : il me les remit aussitôt; mais, à son tour, il me demanda d'appeler d'autres braves. Je lui répondis que je voulais bien me compromettre, moi, mais que je ne voulais pas qu'il y eût d'autres victimes. Alors le mouchard, désespérant de m'employer à organiser un grand complot, s'adressa à B..... qu'il connaissait pour un viveur, et lui dit : « Tu es un pauvre diable, je veux faire « ton bonheur : le ..... m'a promis 200,000 fr. pour entraîner les Communistes « dans une grande conspiration; si tu veux m'aider, je te donne 100,000 fr. » B..... accepta; mais le remords s'empara presque aussitôt de lui et il se cacha pour ne plus voir X..... après m'avoir tout confié... Je rompis moi-même avec celui-ci, en lui déclarant que je n'avais jamais été sa dupe. Je voulais d'abord conserver les 15,000 fr. pour les employer dans l'intérêt populaire; mais je préférai les lui rendre. »

Voilà comme la Police emploie ses mouchards et ses moutons dans les prisons pour obtenir la confiance des prisonniers politiques, pour les tromper ou les corrompre et pour les entraîner dans les conspirations et les Sociétés secrètes !

Méditez maintenant l'affaire *Conseil*, racontée en détail par *Louis Blanc*, dans le 5ᵉ volume de son *Histoire des dix ans*, dont voici la substance :

En juillet 1836, *Conseil*, réfugié italien, fut chargé par le ministère français de trahir les Réfugiés Italiens, Français, Allemands, qui se trouvaient alors en grand nombre en Suisse, et qui formaient la Société secrète de la *Jeune-Europe* correspondant avec une Société secrète, *la Haute-Vente universelle*, siégeant à Paris, qu'on voulait expulser de Suisse, et dont on voulait connaître tous les projets.

On lui donna l'argent nécessaire et plusieurs passeports sous différents faux noms, puis on chargea l'ambassadeur français en Suisse, le Duc de Montebello, de diriger l'opération.

Les instructions données à Conseil lui prescrivaient de se donner pour un complice de *Fieschi* et d'*Alibaud*, poursuivi par la Police française; de s'introduire dans la *Jeune-Europe*, et de la suivre en Angleterre si elle s'y réfugiait.

Et pour lui donner le moyen de jouer ce rôle, l'ambassadeur, avec qui il eut des conférences nocturnes, à Berne, donna à la Police française, en Suisse, l'ordre de le chercher partout, de le faire arrêter comme complice de Fieschi et d'Alibaud, et de le transporter en Angleterre avec les autres réfugiés.

Au besoin, il avait l'ordre de commettre quelque délit politique qui le ferait arrêter et transporter avec les réfugiés.

Mais le hasard voulut que des Réfugiés, qui le soupçonnaient, lui arrachèrent ses papiers et ses instructions, qui furent publiés en Suisse pour dévoiler les manœuvres du Gouvernement français.

Voilà les moyens qu'emploient les Polices, grande et petite! Voilà comme on peut avoir confiance dans les prétendus complices des Fieschi!

Voyez aussi comme les Sociétés secrètes les plus innocentes peuvent devenir compromettantes par leur simple *règlement*.

BIBLIOTHÈQUES A LYON.

Quelques personnes (nous ne savons qui ni quand) ont eu l'idée de fonder, à Lyon, dans chaque quartier, des BIBLIOTHÈQUES, c'est-à-dire de petites-réunions composées chacune de moins de 20 jeunes gens, pour se cotiser, acheter des livres et brochures, les lire et discuter, puis les répandre et propager les principes.

Presque tous ces jeunes gens, honnêtes et laborieux ouvriers, plus ou moins instruits déjà, étaient *Communistes*, même *Icariens*; et quand on les poursuivit plus tard, ils répondirent que leur but était de *lire et de propager les écrits et la doctrine du citoyen Cabet.*

Que leurs intentions aient été parfaitement pures en général, qu'ils aient cru faire une chose tout innocente, toute légale, qui ne pouvait compromettre ni la cause populaire ni eux-mêmes, nous n'en avons pas le moindre doute.

Dans leur propre intérêt, dans l'intérêt surtout de la cause populaire (que personne n'a le droit de compromettre légèrement), ils auraient peut-être dû nous communiquer leur projet, parce qu'ils n'ont pas d'amis plus dévoués, parce que notre expérience nous donnait le moyen de leur offrir quelque bon conseil, parce que cette communication pouvait leur être utile sans aucune espèce d'inconvénient pour eux.

Mais on ne nous prévint pas, et nous ne connûmes la chose qu'à notre voyage à Lyon.

Conférant enfin avec une de ces Bibliothèques qui avait désiré nous voir, nous leur dîmes : « Si par hasard on a voulu cacher une véritable société secrète sous le masque de bibliothèques, vous serez pris, parce que la Police est partout et sait tout, soit par des trahisons, soit par des indiscrétions.

Vous me dites que ce n'est pas une société secrète, et je crois qu'en effet ce n'est pas votre intention : mais si vous avez un Comité d'ensemble, des Inspecteurs et un trésorier central pour toutes les Bibliothèques, la Police, qui le sait infailliblement, peut voir dans toutes ces

Bibliothèques une seule et vaste société secrète et vous poursuivre, d'autant plus que rien n'est plus facile pour elle que de vous entraîner ou de vous tromper et de vous compromettre à votre insu : il lui suffit d'un seul individu qu'elle introduira dans l'une de vos petites réunions »

Nous ne savions pas deviner si juste, parce que personne ne nous parlait du *règlement*, et que nous n'en avions aucune connaissance.

Mais l'une de ces Bibliothèques est poursuivie à l'occasion d'un banquet républicain et révolutionnaire dénoncé par des militaires, et, devant le tribunal, le Procureur du roi lit tout au long le *règlement* saisi chez l'un des prévenus (nous ne savons lequel).

Ni *le Censeur*, ni les nombreux journaux de Lyon ne parlent de ce *règlement* (nous ne savons pourquoi, car c'est tout le procès); le *Moniteur Judiciaire* est le seul qui le publie; mais il le publie en entier, et voici ce que nous lisons dans ce journal :

« Le Ministère public rappelle ensuite la nature des *papiers trouvés* au domicile de L.......... ; ces pièces, dit ce magistrat, méritent de fixer l'attention du tribunal ; la première est le discours prononcé par Larochette le 14 juillet. Il s'exprimait ainsi :

« Chers citoyens, cette réunion est pour célébrer la prise de la Bas-« tille. O pauvre peuple travailleur ! toi qui meurs de misère, accablé « d'injures, ne te réveilleras-tu pas un jour aussi terrible que la « foudre pour frapper cet impitoyable maître qui, durant tant d'années, « a sucé ton sang ! »

Voici maintenant *les statuts de la société* :

ART. 1er. — La *société* se divise en deux catégories, les membres *actifs* et les membres *passifs*.

ART. 2. — Les membres actifs sont ceux qui prennent une part active à tous les *travaux de la société*, c'est-à-dire assistent à toutes les réunions, font de la propagande en distribuant les écrits et *réalisant les moyens matériels de faire une révolution.*

Art. 5. — Les membres sont *électeurs* et *éligibles* pour tous les emplois de l'*association*.

Art. 6. — On convoquera les membres passifs pour les réunions où on aura à recevoir la visite de quelque *étranger*, banquets, etc.

Art. 8. — Les membres actifs, pour simplifier le travail et pour classer chacun selon son aptitude et son goût, formeront trois divisions : l'une, qui est chargée de *l'initiation* et de tous les moyens propres à faire *grandir l'association*; l'autre, chargée de *propager* les écrits; la troisième, chargée de tous *les moyens matériels propres à faire une révolution* : ACHAT D'ARMES, de *poudre*, étude des *moyens d'explosion*, INCENDIE, etc.

Art 9. — Chaque division aura un conseil de trois membres qui tous réunis feront un comité de neuf membres.

Art. 10. Le comité est administrateur et non directeur de la société. Nul ne pourra *descendre sur la place à main armée*, si la majorité de la société a décidé le *contraire*; nul ne pourra se dispenser d'y descendre si la majorité l'a décidé. Toute contravention à ces deux articles sera considérée comme une *trahison*.

Art. 12. — TOUT TRAÎTRE SERA PUNI DE MORT.

Art. 13. — Les différentes divisions se fractionneront par atelier de dix membres actifs le moins, et d'un certain nombre de membres passifs non déterminé.

Art. 16. — Tous les six mois, le comité et les chefs d'atelier seront tenus de faire un rendement de compte général; ils seront tenus, sous peine d'exclusion, d'avoir toujours les fonds à la disposition de l'association.

Art. 17. — *Tous les six mois,* la société procédera aux élections générales de tous les employés. Les chef, sous-chef et collecteur seront nommés dans leur atelier respectif. Les membres des conseils de division seront nommés dans des assemblées générales de division.

Art. 18. — Tout employé qui tiendra des *registres des noms* et adresses des membres de la société, sera considéré comme traître.

Art. 19. — Chaque membre actif aura un *cachet* où sera son *numéro,* celui de son atelier et de sa division.

Art. 20. — Nul ne pourra être admis s'il a appartenu à la police, ou si trois membres s'opposent à son admission.

Art. 21. — Pour être admis il faut être COMMUNISTE et prendre l'engagement de prendre une part active à une *révolution.*

Art. 25. — Tout écrit ou rapport concernant la société, qui devra être lu dans une réunion, doit être écrit *dans les interlignes* d'un autre écrit qui n'aura aucun rapport à la politique et avec de *l'encre sympathique;* il devra en outre être brûlé de suite en présence de la réunion.

Eh bien! qu'est-ce que ce *Règlement* ou ce *Statut?* Qui l'a rédigé? N'est-ce pas au moins le comble de la démence?

Et ce statut, comme l'ancien procès-verbal de l'*Humanitaire,* tombe entre les mains de la Police!

Nous sommes convaincu que la plupart des membres des Bibliothèques n'en avaient aucune connaissance; car dans les société- dites secrètes il y a des secrets pour les sociétaires, tandis que la Police sait toujours tout!

C'est en vain que la Presse réformiste et révolutionnaire garde le silence sur ces funestes règlements: la Police ne manque pas de les faire connaître aux Juges, aux Gardes nationaux, aux électeurs et aux députés, pour les épouvanter.

C'est avec des pièces de ce genre que le Pouvoir obtient tout, des bastilles et le reste!

Et, pour en revenir au tribunal, comment s'étonner qu'il déclare l'existence d'une vaste *société secrète,* et qu'il n'hésite pas à condamner?

Les avocats ont beau parler: tout n'est plus qu'une comédie, et la condamnation est inévitable.

Et tout se trouve compromis, les individus, la cause populaire, le *Communisme,* tous les partis démocrates, le Peuple entier!

Si c'est la Police qui a rédigé et glissé ce règlement, on conçoit tout; on conçoit surtout pourquoi elle a écrit la condition d'être à la fois *Com-*

muniste et *révolutionnaire armé*, tandis que le Communisme Icarien, professé par ces jeunes gens, repousse essentiellement la société secrète, la conspiration et l'émeute.

Si ce n'est pas la Police, c'est la plus incroyable folie ; et d'ailleurs le résultat est le même.

Et dès qu'on entre dans une société secrète quelconque, on s'expose nécessairement à toutes ces déplorables conséquences.

Les yeux s'ouvriront-ils enfin sur le danger des sociétés secrètes ?

Ah ! nous vous en conjurons tous, vous qui nous appelez *trop paci-fique* et trop prudent, fuyez, fuyez les sociétés secrètes !!!

Mais comme le système des conspirations et des sociétés secrètes, des émeutes et des attentats, est, à nos yeux, le plus grand danger, arrêtons-nous encore un peu pour jeter un rapide coup d'œil sur les conspirations et les émeutes, sur les traîtres et sur les procès politiques.

COUP D'OEIL SUR LES COMPLOTS ET LES ÉMEUTES.

Que l'histoire est féconde en leçons à ce sujet ! Quel utile ouvrage on pourrait faire sur cette matière !

Que d'instruction dans notre première révolution, où l'on a vu les émeutes triomphantes de *germinal* et de *prairial* perdre tous les fruits de la victoire faute de chefs habiles et d'ensemble, par l'effet de l'indiscipline et de l'anarchie (1) !

Que d'instruction encore dans la conspiration de *Babeuf* et dans l'émeute du *camp de Grenelle*, où les patriotes se laissèrent jouer, trahir, massacrer par le capitaine *Grisel* et par *Barras* (2) !

Et quel incalculable mal n'ont pas fait ces émeutes et ces conspirations, qui ont donné au Pouvoir des prétextes pour désarmer définitivement le Peuple, qui l'ont découragé et dégoûté pour long-temps, qui ont achevé de perdre la Révolution, et qui ont jeté la Bourgeoisie dans les bras du Despotisme militaire !

Que de mal n'ont pas fait la conspiration d'*Arena*, dénoncée par un traître, récompensé par la place de Gouverneur de Vincennes, et la *machine infernale* contre Bonaparte, qui lui ont fourni le moyen de tuer, pour ainsi dire, toute résistance populaire et libérale en proscrivant tous les écrivains indépendants et tous les chefs du Peuple (3) !

Sous la *Restauration*, que de mal n'ont pas fait les conspirations de Lyon, de Grenoble, de l'*Épingle noire*, des *patriotes de* 1816, etc., presque toutes provoquées par la Police, et dans lesquelles des hommes du Peuple étaient toujours les victimes !....

(1) Voyez notre *Histoire populaire de la Révolution française*, t. 4, pag. 202 et 217.

(2) *Ibid.*, pag. 300 et suiv.

(3) *Ibid.*, pag. 474.

Quel bien a fait la *Charbonnerie* elle-même avec ses complots militaires de Toulon, de Colmar, de Béfort, de Saumur, de la Rochelle, de Poitiers, qui ont fait tant de victimes, et qui ont servi de marche-pied aux Mérilhou, aux Barthe et à tant d'autres pour arriver à la fortune en servant un Despotisme nouveau?

Ne parlons pas de 1830! Ce fut un mouvement spontané et électrique, une véritable explosion révolutionnaire, préparée par quinze années d'humiliation et d'oppression, provoquée par un coup d'Etat agressif, et réalisée par l'opinion publique presque unanime.

Mais quel bien ont produit l'émeute de *Saint-Germain-l'Auxerrois* et de l'*Archevêché* (que Louis Blanc attribue à une spéculation de Bourse d'Ouvrard et de Talleyrand jouant à la baisse), et la prétendue conspiration dite du *Pont des Arts*, qui a fourni un prétexte pour licencier l'artillerie de la garde nationale parisienne?

Que de mal n'a pas fait l'*Emeute de juin*, cette émeute désapprouvée par toute la tête du Parti révolutionnaire qui voulait ne considérer le convoi de Lamarque que comme une *revue* des forces populaires, et qui préférait livrer la bataille un mois après, à l'anniversaire de juillet; cette émeute, commencée par une petite société secrète, la *Société Gauloise*, composée de républicains et de carlistes, organisée et dirigée par un spéculateur à la Bourse qui se nommait dictateur, et qui croyait follement tout entraîner avec une poignée d'hommes; cette émeute qui amena l'*état de siége*, qui engagea si malheureusement la Banlieue, qui fit tant de victimes et qui empêcha une révolution certaine un mois plus tard!

Quel bien a fait la première émeute de *novembre* à Lyon elle-même qui, tout en montrant le courage du Peuple sous cette bannière historique : *Vivre en travaillant ou mourir en combattant*, n'a produit qu'une victoire momentanée sans résultat, et a donné au Pouvoir l'envie de tout faire pour procurer au militaire une éclatante revanche contre le travailleur?

Quel mal n'a pas fait l'*Emeute d'avril* à Lyon, commencée au milieu des divisions (1), provoquée par un mouchard dont on trouva le cadavre et la médaille sur la première barricade (tant ces infâmes agents provocateurs sont obligés quelquefois de montrer du courage et de s'exposer pour donner l'exemple et entraîner), terminée par un embastillement, après tant de courage des vaincus et tant de vengeance du vainqueur!

Quel mal n'a pas fait cette même *Emeute d'avril* à Paris, commen-

_____

(1) Voici ce que dit Louis Blanc, t. IV, p. 254 :

« Excités perfidement par des *agents de police déguisés en sectionnaires*, quelques Républicains emportés s'étonnent de l'inaction des chefs dans un moment qui semble propice. » Les gens suspects enveniment les discours tenus sur l'inaction des chefs. « On égare la crédulité de certains sectionnaires plus ardents qu'éclairés, et les membres du comité, accusés tout haut de trahison, sont placés sous la menace du poignard. »

cée non à la première nouvelle de celle de Lyon, mais quand on sait que celle-ci est écrasée, émeute provoquée par quelques mouchards, émeute qui amène le massacre de la rue Transnonain et tant de persécutions dans toute la France?

Quel mal n'a pas fait l'*Emeute de mai* qui sacrifia tant de courageuses victimes, qui sauva le Pouvoir aux abois, et qui lui fit prendre tant de précautions contre les dépôts d'armes et contre une insurrection nationale!...

Quel mal n'ont pas fait encore les émeutes de Marseille, de Toulouse, de Clermont, quand la Bourgeoisie se préparait partout à s'opposer légalement au recensement!

Quel bien ont fait les complots de la rue des *Prouvaires* et de *Neuilly*, où la trahison a joué un si grand rôle?

Quel mal n'a pas fait l'*attentat de Fieschi*, de ce misérable, ancien mouchard, couvert de vice et de crimes, instrument peut-être des carlistes, qui ne pensait qu'à satisfaire son égoïsme et sa cupidité, qui compromettait tout pour piller au milieu du désordre après avoir organisé une bande pour le pillage, et qui attira sur la France le fléau des lois de septembre?

Quel bien ont fait les attentats d'*Alibaud*, de *Meunier*, de *Darmès*?

Quel mal n'a pas fait l'attentat *Quenisset*, où cet infâme s'est efforcé de jeter tant de ridicule et d'abjection sur les ouvriers révolutionnaires, tant de terreur et de désorganisation dans le Peuple?

Et ce complot de la rue *Pastourelle*, où tant de mouchards secrets ont exercé leur funeste influence, où l'on voit des cartouches, un drapeau, une presse clandestine et une fabrication d'ordres du jour dont on déroule une si longue série!...

Et toutes ces fabrications de poudre, de cartouches, de pétards, de bombes, de machines incendiaires...!

Et ce règlement des bibliothèques Lyonnaises où l'on parle d'*étude et de préparation de moyens* d'explosion...!

Et ces *tromblons* de Lyon qui font parler d'un projet d'assassiner toutes les autorités de la ville...!

Parlerons-nous de trahisons dans les expéditions militaires, et d'abord dans celles de *Savoie?* — Écoutons Louis Blanc, t. IV, p. 192.

«La *Jeune-Italie* fut *dénoncée* au gouvernement sarde par deux sous-officiers dont l'un avait reçu de l'autre des ouvertures, et qui se prirent de querelle au sujet d'une femme et tirèrent le sabre. On les arrêta; et, au moment de l'arrestation, l'un d'eux murmura des paroles de vengeance qui étaient un commencement de *révélation*. Le gouvernement fit faire aussitôt des perquisitions dans leurs sacs. Quelques fragments d'imprimés, une liste de noms sont trouvés; les arrestations commencent. La terreur est à Gênes, à Turin, à Chambéry. Pour obtenir des *révélations* on ose tout: les amis sont, par de mensongères promesses, *sollicités à trahir* leurs amis; on fait servir d'encouragement à l'infamie des *dénonciations* la tendresse alarmée des sœurs, des épouses, des mères. L'*espionnage* habite les *cachots*. Un sergent-sapeur, nommé Miglio, venait d'être arrêté;

on lui donne pour compagnon d'infortune un *inconnu qui se dit* son complice
et prétend avoir conservé avec ses parents des moyens de communication. L'infortuné Miglio tombe dans le *piège*; il s'ouvre une veine et écrit avec son sang,
à des êtres qui lui sont chers, une lettre qu'il remet à son compagnon : elle
figura au procès, et fit traîner Miglio à la mort. »

Parlerons-nous du complot pour insurger trois régiments de cuirassiers à *Lunéville*, qu'un traître fait échouer en dénonçant ses camarades?

Parlerons-nous de l'affaire de *Strasbourg*, pour montrer encore là
l'action de la Police? — Écoutons *l'Histoire de dix ans*, tom. V,
p. 127:

« Le département du Bas-Rhin était commandé, à cette époque, par un vieux
soldat de l'empire, le lieutenant-général *Voirol*. Louis Bonaparte avait compté
sur lui, et lui avait demandé un rendez-vous dans une lettre aussi affectueuse que
pressante. Le général Voirol s'abstint d'une démarche qui ne pouvait que le compromettre, et même il crut devoir *parler* à M. Choppin d'Arnouville, préfet de
Strasbourg, des projets qu'on semblait nourrir aux portes de la France. Le préfet
répondit (d'après ce que le général Voirol a déclaré plus tard) qu'il avait un
agent auprès du jeune prince. D'un autre côté, l'éveil était donné au gouvernement. Un capitaine, nommé Raindre, avait reçu de Louis Bonaparte des ouvertures qu'il ne s'était pas contenté de repousser, et dont il donna *communication*
à M. de Franqueville, son commandant, qui en référa au général Voirol. Celui-ci,
qui n'avait pas envoyé au ministre la lettre de Louis Bonaparte, n'hésita plus à le
faire, et le capitaine Raindre partit, avec cette lettre, pour Paris. Mais, soit
qu'on ne vit aux tentatives dénoncées aucun caractère sérieux, soit qu'on ne
fût pas fâché de laisser se développer jusqu'à un certain point un complot qu'on
se croyait sûr *d'étouffer* sans peine, nul obstacle ne fut mis aux menées des
conspirateurs, et le dénoûment devint inévitable. »

Et l'affaire de *Boulogne*, dans laquelle des Bonapartistes importants
et dévoués gémissent de trahisons grandes et petites, prétendant que la
main de la Police a tout provoqué, tout préparé, tout dirigé!

Quel mal, immense, incalculable, n'ont pas fait tous ces complots et
toutes ces sociétés secrètes, tous ces attentats et toutes ces émeutes, et
une infinité d'autres, qui ont éloigné le Peuple des questions de principes pour le jeter dans la violence, qui ont profondément divisé les
Bourgeois ou les boutiquiers et le Peuple; et qui ont amené les *bastilles*
par la crainte de l'émeute, et qui ont toujours échoué par l'inhabileté
des révolutionnaires ou par les manœuvres de la Police, ou par la trahison des conjurés!!!

Voyez en effet que de traîtres!

COUP D'ŒIL SUR LES TRAITRES.

Que de traîtres dans l'histoire, à commencer par ce *Zopyre*, Général et courtisan du Roi de Perse, qui, pour livrer à son maître Babylone assiégée par lui, se réfugie dans son sein après s'être fait couper
le nez et les oreilles, simule la plus ardente vengeance contre le tyran
qui l'aurait ainsi mutilé, massacre des bataillons persans pour obtenir
la confiance des assiégés, puis ouvre les portes de la ville au Despote
qui la noie dans le sang et les ruines!

Que de traîtres concoururent à la chute de l'Empire Romain, comme nous le montrerons dans notre *Histoire populaire universelle!*

Nous ne parlons pas de ce noble conspirateur qui, pendant notre première Révolution, dénonçant ses complices et se faisant arrêter avec eux, convient avec la Police que, pour éloigner tout soupçon, il résisterait, crierait, frapperait, se ferait déchirer les habits, traîner par les cheveux, mettre en sang, et qui concentra ainsi sur sa personne tout l'intérêt du public et toute la reconnaissance des amis qu'il trahissait et perdait!

Nous ne parlons pas de *Grisel* qui trahit Babeuf et ses amis, et qui les fait massacrer après leur avoir fourni l'argent nécessaire pour conspirer, à lui remis à cet effet par la Police elle-même, ni de cet autre traître qui détourne Aréna de renoncer à son projet afin de le livrer au bourreau!

On connaît les traîtres sous la Restauration : le maréchal-des-logis Thiers, qui trahit et livre le colonel Caron à Colmar, le maréchal-des-logis Wolfel, qui trahit et livre le général *Berton* près Poitiers.

Nous regrettons de n'avoir pas assez de place pour parler d'un capitaine Tu....., officier de la Légion-d'Honneur, qui perd au jeu 30,000 fr. à lui confiés pour acheter des armes, qui sort du n° 113, au Palais-Royal, pour se brûler la cervelle, qu'un grand mouchard, chargé de le surveiller, console et séduit, qui se laisse corrompre, et qui finit par trahir ses amis et par donner une liste de plus de cent conspirateurs qu'un hasard seul empêche d'être perdus.

Et depuis 1830, que de traîtres, sans compter Fieschi, Borel, Quenisset, sans compter ceux de Boulogne, sans compter ce *Conseil* dont nous avons parlé tout-à-l'heure!

Que d'autres sont soupçonnés ou même convaincus dans le monde révolutionnaire, qui seraient démasqués (ou plutôt qui n'existeraient pas) si la discussion publique existait pour être tribunal ou frein! Mais on n'a pas de moyen de vérifier les accusations et les soupçons, et l'on reste dans la plus funeste des voies, le silence sur les traîtres et l'éloge des fous qui compromettent tout, silence et éloges qui encouragent et perpétuent les trahisons et les folies!

Cependant il est très-peu de procès dans lesquels il n'y ait pas un traître!.... C'est désolant, mais c'est vrai.

Ah! qu'on serait effrayé et que les plus obstinés seraient bien vite guéris des sociétés secrètes s'ils savaient tout ce que nous savons, s'ils connaissaient tous les traîtres que nous croyons connaître, même dans des situations qui leur procurent une grande confiance! Mais nous ne pouvons que conjurer les travailleurs, au nom du progrès et de leur propre salut, d'éviter tout ce qui peut les livrer aux traîtres.

Nous citerons cependant un nouvel exemple bien remarquable :

« Un réfugié Italien, condamné pour insurrection dans son pays en 1831, nommé *Parisotti*, vient de mourir à Paris, il y a deux mois, avec la réputation d'un des plus fidèles martyrs de la liberté. Presque tous ses compatriotes se sont fait un devoir d'assister à ses funérailles ; et de touchants discours prononcé; sur sa tombe ont rendu de solennels hommages à sa vertu patriotique er donnant comme modèle sa constance et son dévoûment.

« Eh bien! en parcourant ses papiers, avant de les brûler (comme il avait recommandé de le faire, sous prétexte de ne compromettre personne), on a trouvé la preuve qu'il s'était fait *espion de l'Autriche*, qu'il recevait 250 fr. par mois, indépendamment d'une autre somme pour faciliter sa mission, qu'il avait dénoncé ses plus intimes amis, ceux qui avaient vendu leurs chemises pour le secourir dans ses maladies ou dans son ancienne misère, et que c'était lui qui avait fait arrêter plusieurs de ses compatriotes travaillant à la délivrance de sa patrie.... »

Fiez-vous donc à quelqu'un quand vous faites quelque chose qui peut vous compromettre !

Encore un exemple bien instructif! Quoique le fait soit arrivé sous la Restauration, il ne mérite pas moins d'être cité. C'est un avocat connaissant bien l'affaire qui va la raconter.

HISTOIRE DE LAFORET.

Laforêt était un ouvrier serrurier, révolutionnaire et violent. Il entra dans une société secrète, où son ardeur le rendit chef d'une section et membre d'un comité.

Un jour, il convoque ses hommes, 15 à 16, pour le soir, dans une petite chambre. Tous arrivent armés de poignards ; il leur dit qu'on va descendre dans la rue cette nuit ou demain matin, et qu'il attend l'ordre pour sortir. En attendant, il leur fait faire des cartouches. A la pointe du jour, la police vient en force et les arrête.

On les garrotte ; on les emmène en disant à la foule que c'est une bande de voleurs et de brigands qui ont commis plusieurs assassinats; Tous les passants les maudissent.

On fait beaucoup de visites domiciliaires et d'arrestations de tous côtés ; on en relâche, on en retient ; puis, après 7 ou 8 mois de détention préventive, on en traduit 40 à 50 devant la Cour d'assises, où plusieurs sont condamnés sévèrement et une trentaine condamnés à la prison comme coupables de société secrète.

Laforêt, condamné avec les autres, est-il déjà mouchard, provocateur, traître, dénonciateur? On l'ignore; on ne le soupçonne pas encore. Cependant 6 lettres, écrites par lui, saisies par la police, et qui facilitent la condamnation, pourraient et devraient peut-être le faire soupçonner.

Peu après, tous sortent par l'effet de je ne sais quelle amnistie. (Et les amnisties ont quelquefois pour but de mettre en liberté beaucoup de mouchards anciens ou nouveaux, qui se présenteront comme victimes de leur patriotisme, qui obtiendront bien plus facilement confiance, et qui pourront rendre bien plus de services à la police.)

Quelques jours après sa sortie, on lui voit une somme de 200 fr. ; il dépense 20 ou 30 fr. en une seule fois au cabaret ; cet argent, ses dépenses, ses mensonges, des propos tenus dans un moment d'ivresse, éveillent des soupçons.

Peu après, on l'arrête, avec beaucoup d'autres, comme complice dans un grave complot (secrètement dénoncé par quelque traître); mais il sort 12 à 15 jours après, tandis que beaucoup d'autres sont retenus et condamnés. — Nouveaux soupçons.

Bientôt, on apprend que, en le faisant mettre en liberté, le préfet de police lui a fait remettre 300 fr., et il l'avoue en disant : « Je lui ai parlé comme il faut à ce gredin de préfet ! Je lui ai montré ce que c'est qu'un brave prolétaire qui ne craint rien !... Je lui ai dit : Trois de mes six enfants sont malades ; ma femme est près d'accoucher ; et vos brigands de mouchards m'arrêtent mal-

4

gré mon innocence... Ils me traquent comme un loup, me ruinent... Vous voulez donc que je m'en mêle pour tout de bon? Il a bien senti, le préfet, qu'il valait mieux me ménager... et il m'a fait indemniser... Il la gobe joliment, le préfet ! »
— Les soupçons augmentent.

Laforét propose même à une femme qui a besoin d'argent de la faire entrer dans la police, et cette femme en parle dans un moment de colère. — Les soupçons augmentent encore.

On l'arrête dans un cabaret, un jour d'émeute, près de l'émeute, avec beaucoup de camarades. Tous sont retenus comme coupables de société secrète; mais, 7 ou 8 jours après, il est relâché. — Les soupçons croissent toujours.

On lui dit enfin que quelques-uns le soupçonnent... — « Ce sont des infâmes, s'écrie-t-il, des scélérats! »

Quelques-uns l'évitent; mais ils n'ont pas le temps d'aller prévenir tout le monde; ils ne connaissent pas tous ceux qu'il fréquente; ils ne peuvent pénétrer dans ses sociétés secrètes; d'ailleurs il change de quartier. Enfin la masse ignore tout.

Cependant il ne travaille presque plus et il ne quitte pas le cabaret; il ne gagne presque rien et il dépense beaucoup...—Les soupçons recommencent.

Quatre ouvriers vont prendre des renseignements chez les marchands de vin dans son ancien quartier. On apprend qu'il y faisait continuellement de la propagande révolutionnaire; qu'il était très-violent, très-provocateur. — Les soupçons se fortifient... On l'accuse... Il le sait...

Tout-à-coup on apprend qu'il s'est jeté d'un cinquième pour se tuer; qu'il s'est cassé la jambe, et qu'un brave chirurgien l'a fait entrer chez lui pour le soigner, mais qu'il désespère de le sauver... Il affirme que c'est le manque de travail qui l'a porté au suicide; mais on croit que c'est le remords et le désespoir d'être démasqué. Ainsi ce malheureux ouvrier avait encore des sentiments honnêtes. Ce sont son exaltation révolutionnaire, sa vie des sociétés secrètes, la misère, l'habitude de l'oisiveté et de la débauche, puis la corruption de la Police, qui l'ont perdu.

Cependant il guérit et recommence sa vie de cabaret, d'oisiveté, de dépense, de propagande révolutionnaire. — Les soupçons reprennent plus de force. — On parle d'une *réunion* pour l'accuser et entendre sa justification. Mais il menace ceux qui *se mêlent de ses affaires*, et qui le menacent à son tour. Dans un duel avec un de ses anciens camarades, il le blesse assez gravement. Dans un autre, il est blessé lui-même.

Cependant, comme il fait partie de plusieurs sociétés secrètes et même de plusieurs comités, comme un des chefs les plus actifs a grande confiance en lui et lui confie tous ses secrets, on décide enfin une grande réunion dans une cave. Amené là, tout lui est reproché; et on lui demande surtout compte de ses dépenses et de ses moyens d'existence; mais, à toutes les questions, il répond : « Vous êtes des infâmes, des scélérats, qui vous mêlez de ce qui *ne vous regarde pas!* » On prouve qu'il n'a presque pas travaillé et presque rien gagné; on prouve aussi qu'il est allé chez un chef de mouchards et qu'il en est sorti avec de l'argent. Bref, tout le monde paraît convaincu.

Mais l'un de ses amis demandant l'ajournement à trois jours, dans un atelier, sous prétexte de vérifier un fait, on a la folie d'y consentir.

Et le troisième jour, à l'heure indiquée, avant que *Laforêt* et ses souteneurs arrivent, la Police se présente et arrête les plus exacts, au nombre de 17, sur quelques-uns desquels on trouve des objets qui peuvent compromettre eux et d'autres.

Puis la Police part de là pour faire une centaine de visites domiciliaires, dans lesquelles on trouve deux machines incendiaires, plusieurs dépôts de poudre et cartouches, deux drapeaux noirs et un petit drapeau rouge, une imprimerie clandestine avec deux presses, des chansons séditieuses, des ordres du jour et une proclamation.

Et la Police crie à un horrible complot.

Personne ne doute qu'il y a un traître et que *Laforet* est le dénonciateur. On en soupçonne même trois ou quatre autres, dont on est convaincu qu'il y en a beaucoup. Mais les accusés ne peuvent attaquer les traîtres sans s'avouer coupables, et l'on n'ouvre pas la bouche, ni contre *Laforet* ni contre aucun autre.

Eh bien! y en a-il des leçons dans cette affaire! voit-on l'effet de la vie révolutionnaire, de l'oisiveté, de la débauche! voit-on la confiance que méritent les fanfarons et les viveurs! Comprend-on bien l'avantage de la Police et de ses mouchards, et l'embarras des accusés forcés de mentir et de ménager les traîtres!

Ici, si *Laforet* est un mouchard, comme on n'en peut douter, si c'est lui qui a dénoncé en révélant tout ce qu'il savait, si la Police a vingt autres mouchards, si elle sait tout ce qui se passe dans les diverses sociétés secrètes, vous devinez ce qu'elle peut faire avec ses mouchards! Si elle a plusieurs agents dans une société, dans un comité, dans une réunion, qui l'empêche de leur donner l'ordre de s'y trouver avec tels objets qu'elle juge nécessaire pour compromettre, ou de les cacher dans leurs logements, ou de les déposer chez tel ou tel, pour qu'elle puisse les y saisir?

Écoutez enfin ce qu'on écrit tout récemment de Pologne :

« Il y a quelques jours, un jeune Polonais, sortant du théâtre de Varsovie, porta un coup d'épée au général Abramoviez, directeur-général de la police; mais la pointe ne fit qu'effleurer la poitrine du général, et ne pénétra point dans le cœur. Ce jeune homme fut désarmé à l'instant même et incarcéré. On trouva dans le fourreau de son épée *une liste de cent noms.* Cette circonstance a déterminé le gouvernement à opérer des arrestations, et l'on en fait encore. On soumet à des *tortures affreuses* les prévenus pour les forcer à faire des *aveux.* Ainsi, on ne leur donne que des mets *salés* sans leur permettre de boire de l'eau. Plusieurs ont été condamnés à recevoir un certain nombre de coups de *knout;* aucun n'a pu subir le peine complète; ils sont tous morts après un certain nombre de coups, mais on a continué de sévir sur leurs cadavres — Les parents de ces malheureux ont été forcés d'assister à l'exécution. »

Sans doute la punition est barbare, atroce, et l'on ne peut trop crier contre ces bourreaux; mais quelle folie de la part d'un conjuré de déposer dans le fourreau de son épée les noms de cent conspirateurs! A quoi bon? Et presque toujours ces imprudents manquent leur coup! Et c'est ainsi que, dans les conspirations et les sociétés secrètes, le salut de tous peut être perdu par la faute d'un seul imprudent ou d'un seul traître!

En vérité, quand on pense à cette longue duperie des sociétés secrètes, on a peine à comprendre comment on a pu s'y compromettre si longtemps. Cependant, puisqu'il reste encore des aveugles, achevons de leur rendre la vue.

PRISONNIERS SÉDUITS ET CORROMPUS.

Nous avons déjà indiqué combien les prisonniers, quand ils sont compromis, vicieux et misérables, sont exposés à la séduction et à la corruption de la Police.

M. *Pillot* a déclaré publiquement que le juge d'instruction lui-même, M. Zangiacomi, lui avait fait des offres et des promesses.

Mais si un magistrat n'a pas craint de tenter la séduction sur un ancien abbé de l'Église française, sur un écrivain qui montrait beaucoup d'énergie, sur le Président du banquet de Belleville, qui jouissait de la confiance de la portion la plus ardente, à combien d'autres n'en a-t-il pas fait?

Pour nous, nous connaissons une foule de prisonniers à qui des fonctionnaires de tous rangs ont fait des offres de tous genres.

Et nous en connaissons beaucoup qui ont succombé par le malheur de leur position.

Nous en connaissons beaucoup aussi que nous croyons à l'abri de toute espèce de soupçon.

Mais, en général, nous ne confierions pas notre tête, ni, à plus forte raison, celle d'autrui, au prisonnier pressé par le besoin, dont la conduite n'aurait pas été irréprochable et prudente avant et après la détention.

Et le danger du côté des femmes, c'est bien autre chose encore!

FEMMES OU MÈRES DES ACCUSÉS.

Nous avons déjà parlé des femmes des conspirateurs : ajoutons deux mots sur les femmes, les maîtresses, les mères, les filles et les sœurs des accusés.

L'homme peut encore être retenu par son serment, par sa responsabilité, par la crainte du déshonneur ou de la vengeance; mais les femmes... celles qui n'ont aucun principe politique, et c'est le plus grand nombre, ne voient généralement que leur intérêt direct et celui de l'accusé qui leur est cher ou qui leur est nécessaire; rien ne les arrête, rien ne leur coûte; elles ne connaissent ni *Parti*, ni *cause*, et n'ont souvent que de la colère et de la vengeance contre ceux qu'elles accusent de leurs malheurs. La Police et la Justice ont beau jeu pour arracher d'elles tout ce qu'elles savent et pour les exploiter à l'effet d'obtenir du prisonnier les révélations, les dénonciations, les trahisons qui peuvent le sauver.

On connaît le rôle qu'ont joué la maîtresse de Fieschi et la mère de Boireau.

Nous connaissons bien d'autres exemples!

Vraiment, c'est effrayant! et tout nous entraîne toujours davantage à crier : Les conspirations et les sociétés secrètes parmi les ouvriers sont de la folie!

AVANT TOUT IL FAUT DISSOUDRE LES SOCIÉTÉS SECRÈTES.

Les sociétés secrètes sont donc le plus grand mal, le plus grand danger.

Tant qu'elles existeront, il n'y aura rien à faire, rien à espérer.

Vous qui désirez l'association, la fréquentation, la fraternisation des citoyens, combattez les sociétés secrètes, car elles isolent les hommes en les parquant, pour ainsi dire, dans de petites clôtures, sans communication avec les autres, car la société secrète empêche réellement les réunions et l'association générale.

Écrivains, journalistes, orateurs, députés, qui ne vous occupez que d'écrire ou de parler, c'est un contre-sens que vous faites ; car une émeute ou un complot préparé par une société secrète pourrait rendre inutile tous vos beaux discours et tous vos beaux écrits.

Laisser faire la société secrète et l'émeute, c'est de l'aveuglement, de la folie ! Il serait bien temps de se plaindre quand le mal serait fait !

Si nous voulons semer le progrès, il faut d'abord labourer le champ, enlever les pierres, arracher les épines ; il faut commencer par déraciner les sociétés secrètes.

Du reste, chacun ne peut agir que d'après sa conviction, et la nôtre contre les sociétés secrètes est profonde.

Depuis long-temps nous l'avons exprimée, principalement dans notre *Ligne droite*, et chaque jour a rendu cette conviction plus énergique.

Nous avons triomphé quand nous avons vu de courageux Communistes signer une *déclaration* solennelle et dire à leurs camarades : *Changeons de marche* !

Nous triomphons aujourd'hui quand nous entendons *Ledru-Rollin*, *la Réforme*, et la Presse départementale presque entière, protester contre l'émeute et la société secrète pour invoquer la discussion et l'opinion publique.

Mais il nous a fallu bien du courage pour commencer l'attaque !

IL NOUS A FALLU BIEN DU COURAGE.

C'est évident, le préjugé était pour la société secrète ; c'était la mode de transformer en héros les émeutiers et les conspirateurs ; et quand nous avons crié qu'on tournait le dos à l'intérêt public, nous savions bien que nous allions nous faire bien des ennemis, exciter contre nous bien des colères et bien des malédictions. C'est dur assurément d'apprendre souvent que de bons patriotes, parlant de nous, disaient : Comment, on ne lui donnera pas un coup de fusil à ce mâtin-là !.. Mais, puisque c'était notre conviction, c'était notre devoir, et nous sommes un homme de dévoûment !

Du reste, écoutez ce qu'on nous écrit tout récemment de Lyon :

« Un jour, je me suis trouvé dans une maison où j'avais à faire. J'y ai trouvé le nommé X......, un des acquittés dans l'affaire des *tromblons*. En me voyant, il m'a adressé la parole.

« — Vous voilà, *Communiste icarien* ! — Oui, et je m'en fais honneur d'être Communiste icarien.

« — Oh ! mais...... vous devriez *rougir* de me parler de la sorte ! vous êtes donc un *utopiste* ! — Vous êtes *plus utopiste* que moi, puisque vous croyez tout faire avec vos sociétés secrètes...

« — Allez donc trouver vos *rêveurs* ! vous voyez bien que la Communauté, telle qu'elle est écrite sur le *Voyage en Icarie*, est *impossible*. — Elle est impossible tant qu'il y aura des sociétés conspiratrices…

« — Du moment qu'il n'y aura plus de sociétés secrètes, *toute révolution est impossible*, et le progrès populaire perdu. Et j'en suis si convaincu que, s'il arrivait une révolution, la *première cartouche* que je tirerais serait sur Cabet, parce qu'en détruisant les sociétés secrètes, il *détruit tout*, et tous les Communistes icariens sont des *mouchards. Sans Cabet, qui détruit les sociétés secrètes, la révolution serait déjà faite*. Si vous voulez faire des progrès, ne vous dites jamais Communiste icarien, parce qu'on vous prendra pour *un fou*, et l'on se moquera de vous. — Eh bien ! faites du progrès, vous, avec vos sociétés secrètes ! Ne venez-vous pas d'en faire du progrès avec vos tromblons !

« — Quel progrès voulez-vous que fassent les sociétés secrètes, j'en désespère maintenant, parce que Cabet et *les Communistes font tout pour les abolir*.

« — Pourquoi donc n'êtes-vous pas venu discuter avec Cabet quand il était ici ? Il vous aurait prouvé jusqu'à l'évidence l'inutilité des sociétés secrètes et le préjudice qu'elles portent à la cause.

« — Je voulais bien y aller, mais C...., m'en a empêché, disant qu'on ne devait pas rechercher *son ennemi*.

« — Vous prenez donc M. Cabet pour votre ennemi ? Ah ! si vous l'aviez entendu vous plaindre tous, quand vous étiez en prison, vous auriez vu s'il était votre ennemi !

« — Oui !... Ah !!!... C'est bien !!!... (Et il sortit). — Adieu, pas de rancune!

« — Pas de rancune, adieu. »

Ainsi, dans son aveuglement, ce malheureux voudrait nous donner un *coup de fusil* ; à nous qui n'avons d'autre pensée que le bonheur du prolétaire et du travailleur! Mais quelque douloureuse que soit l'idée d'une pareille haine, nous avons du bonheur à constater que les sociétés secrètes sont désormais impossibles, et que c'est à nos efforts qu'on attribue cette heureuse impossibilité.

Du reste, les Jésuites ne nous pardonnent pas plus nos efforts en faveur de la fraternité et de la Communauté ; car voyez ce qu'on nous écrit encore de Lyon :

« Je connais beaucoup *d'hommes et de femmes qui prient Dieu pour que vous mouriez*, je connais même une femme qui a fait une *neuvaine* dans ce but à Notre-Dame-de-Fourvière. Mais j'en connais un plus grand nombre qui font des vœux pour votre conservation et votre santé. »

Il en est de même pour les sociétés secrètes : si quelques-uns de leurs partisans nous menacent de coups de fusil, parce que nous avons contribué à les détruire, nous savons que beaucoup de femmes nous bénissent pour leur avoir conservé leurs maris, et que beaucoup de braves nous remercient de les avoir tirés d'une ornière périlleuse où leur dévoûment était inutile à la cause de la Liberté.

Et plus tard on sera unanime pour reconnaître qu'en attaquant les sociétés secrètes à nos risques et périls, nous avons rendu un incalculable service.

Et puisqu'on s'acharne toujours néanmoins à nous calomnier, sans que personne nous défende, nous allons montrer quelques autres services du même genre.

SERVICES RENDUS.

Quand, vers l'affaire de Béfort, nous fîmes trois fois en huit jours le voyage de Paris à Dijon, de Dijon à Paris et de Paris à Dijon (au risque d'être arrêté par la Police qui nous surveillait), pour empêcher nos compatriotes d'être victimes de quelque trahison ou de quelque folie, ne fût-ce pas un grand service rendu ?

Quand ensuite nous découvrîmes, après mille recherches, que ce capitaine Tu... qui voulait les entraîner, n'était qu'un traître (1) (V. page 48), qui avait dénoncé plus de cent personnes en Bourgogne et qui pouvait en compromettre bien d'autres à Paris, ne fût-ce pas encore un grand service rendu ?

Quand, en 1832, un fou qui ne rêvait qu'émeute, qui croyait qu'il suffisait d'un coup de fusil ou d'un coup de cloche pour mettre tout en insurrection, et qui mentait toujours pour entraîner, avait réuni 20 hommes pour s'emparer d'une église et sonner le tocsin en leur faisant croire que 30,000 hommes n'attendaient que ce signal pour faire la révolution, ne rendîmes-nous pas un grand service en désabusant et arrêtant les sonneurs de tocsin ? Que de malheurs pouvaient arriver un quart-d'heure plus tard, comme en juin et en avril !

Ces malheureux ne pouvaient-ils pas au moins être arrêtés au moment d'agir, et condamnés comme ceux de la conspiration des Tours Notre-Dame, ourdie par la Police, annoncée dans un journal anglais avant l'exécution, et dans laquelle le chef de la Police municipale, entendu comme témoin, vint dire au tribunal :

« Nous avons trouvé le moyen de désorganiser les sociétés secrètes en signalant comme des mouchards les plus exaltés, qui ont été battus sur les quais par les hommes de leur parti. » (Louis Blanc, t. 3, p. 167.)

Quand, au commencement de 1834, lors de la dissolution forcée de *l'Association libre pour l'éducation du Peuple*, dont nous étions secrétaire-général ou Directeur, nous fîmes rejeter, dans une grande réunion de cent membres, convoquée par nous chez Lafayette, la proposition faite par quelques chefs des *Droits de l'homme* d'annoncer que le Comité central se réunirait de nouveau malgré la dissolution, qu'il se réunirait en armes au nombre de cent, tel jour à telle heure, et que si la Police se présentait pour le disperser il opposerait la force à la force, ne rendîmes-nous pas un grand service en empêchant une inévitable et inutile catastrophe qui n'aurait été considérée que comme une folie ?

Quand, en février 1834, nous exhortâmes les Lyonnais à éviter la collision qui paraissait imminente, ne rendîmes-nous pas un grand service qui prévint alors les calamités arrivées deux mois après ? Voyez en effet :

---

(1) Deux patriotes énergiques se rendirent chez lui pour le punir ; mais il les désarma en leur avouant tout et en les conjurant de le débarrasser d'une vie qui lui était à charge et qu'il n'avait pas la force de s'ôter lui-même.

Le 23 février, nous terminâmes ainsi notre article du *Populaire* :

« Puisse le peuple Lyonnais, ce peuple si fier, si grand, si majestueux en présence du péril et de la mort, mettre son courage à *réprimer son courage* ! Puisse-t-il savoir attendre et tout sacrifier à la patrie ! puisse-t-il éviter ce que paraissent *désirer* ses ennemis ! »

Et nous avions bien raison ! car nous savions que quelques-uns de nos collègues à la Chambre ayant dit au Ministre de la guerre qu'ils craignaient une émeute, le Ministre leur avait répondu : « N'ayez pas « d'inquiétude, tout est prévu, et mes précautions sont prises. Pour « moi, je ne crains qu'une chose, c'est qu'il n'y ait pas d'émeute. »

C'est alors qu'eut lieu la scène dont parle *Louis Blanc* en ces termes :

« Cependant, M. *Albert* (envoyé par le comité des *Droits de l'homme* de Lyon au comité central), était arrivé à Paris. Il demanda conseil à M. *Cabet* (qui n'était pas membre des *Droits de l'homme*), qui avait *beaucoup d'ascendant* sur le peuple des faubourgs. L'entretien eut lieu pendant la nuit dans les bureaux du *Populaire*. M. Cabet s'y montra partisan d'une résistance exclusivement *légale* ; il n'hésita pas à affirmer que tenter la fortune des armes serait une insigne, une irréparable *folie* ; et, pour mieux exprimer combien profonde était sur ce point sa conviction, il s'écria : « Il faut plutôt se battre pour qu'on ne se « batte pas. » (T, IV, p. 259.)

Nous ne nous rappelons pas avoir dit : « Il faut plutôt se battre pour qu'on ne se batte pas. » Nous croyons avoir dit : « Il y a des patriotes qui donneraient leur vie pour amener une émeute, mais moi je donnerais la mienne pour empêcher l'émeute. » Comme je disais dans le *Populaire* : « Puissent les Lyonnais mettre leur courage à réprimer leur courage ! » Mais la vérité est que nous fîmes tous nos efforts pour empêcher l'émeute ; la vérité est que nous l'empêchâmes alors, car quelqu'un nous répétait tout récemment que l'on attendait Albert avec anxiété pour connaître notre réponse, et que l'on fut très-contrarié et très-irrité quand il dit en rentrant : « Il n'y a rien à faire, il ne veut pas. » Nous venons d'apprendre même que, long-temps après, des ennemis partaient de là pour nous accuser d'avoir *fait échouer l'émeute d'avril* à Paris, affirmant que la scène dont il s'agit avait eu lieu *en avril*, tandis qu'elle avait eu lieu *en février*, affirmant aussi que c'était nous qui avions tout perdu à Paris, le 11 avril, en nous opposant à l'insurrection, lors de l'arrivée de la nouvelle de l'émeute de Lyon, tandis que nous étions alors à Bruxelles (chez le Député *Gendebien*), et que nous avions envoyé de Belgique des articles insérés dans le *Populaire* le 6 avril, le 30 mars, même le 23 mars, en annonçant notre départ pour l'exil par un article qui se terminait ainsi :

« Ainsi, pour avoir eu l'opinion (indépendante de ma volonté) qu'on nous conduit à l'abîme ; pour avoir dit ce que je croyais utile au Peuple, pour avoir préféré ma conscience et mon devoir aux faveurs royales, aux honneurs et à la fortune, me voilà proscrit comme ces proscrits Polonais que j'ai voulu défendre ; me voilà forcé de quitter la France !

« Mais sur la terre étrangère, je serai plus tranquille encore que les renégats et les traîtres qui me forcent à l'exil ; sur la terre étrangère, toutes mes pensées, tous mes vœux, toute ma vie, seront consacrés à ma Patrie. »

Et quand nous nous exilions ainsi, dès le commencement de mars, la calomnie nous accusa plus tard d'avoir tout fait avorter le 11 avril !

C'est donc à l'émeute projetée pour février que nous nous sommes opposé, et non à celle d'avril. Et n'avions-nous pas mille fois raison quand nous savions comment les bourgeois *déguisés en ouvriers* avaient joué et dupé les vainqueurs en novembre 1831, quand nous connaissions parfaitement l'état des choses, les divisions et la faiblesse du parti révolutionnaire, les manœuvres et la force de la Police, la folie de l'attaque et la presque certitude de la défaite ; quand on voit *Louis Blanc* dire aujourd'hui :

« Le comité Lyonnais des *Droits de l'homme* était effrayé des DIVISIONS et de *l'impatience*... On entendait déjà rugir la foule des impatients qu'échauffaient, qu'enflammaient les véritables TRAITRES. »

Oui, l'émeute aurait été écrasée en *février* comme elle l'a été en avril ; et, si nous avons contribué à l'empêcher en février, nous avons rendu un grand service.

Si nous avions été à Paris en avril, nous aurions fait nos efforts pour empêcher l'émeute à Lyon et à Paris, et peut-être aurions-nous réussi en prenant les moyens convenables, car souvent la plus petite cause suffit pour empêcher un immense effet. Et quel bonheur pour nous si nous avions pu prévenir les catastrophes d'avril !

N'avons-nous pas encore rendu un grand service en 1841, lorsque, à l'ouverture de la session, nous nous hâtâmes de faire imprimer pendant la nuit quatre pages intitulées : *Vous seriez responsables envers la Patrie*, et de les faire répandre dans le Peuple, pour empêcher une émeute qui ne pouvait être que funeste ?

N'avons-nous pas rendu un grand service lorsque, pendant les troubles de Clermont, douze ouvriers révolutionnaires étant venus en plein jour nous demander conseil ou plutôt nous annoncer leur résolution d'agir, nous les détournâmes d'une folie qui n'aurait pas été moins fatale que l'affaire Quenisset ?

Mais voici d'autres affaires : écoutez bien !

Nous avons connu tant de propos et tant de projets depuis trente ans, que nous savons ce qui est fanfaronnade et ce qui est propos sérieux. Ensuite, nous savons qu'un rien peut déterminer un coup de tête, ou une folie, ou une catastrophe, et qu'il ne faut jamais s'endormir sur un terrain si inflammable. Enfin, nous savons que, dans la politique, on ne peut jamais faire trop sentinelle quand souffle le vent de l'émeute et du danger. Eh bien ! un jour nous apprenons un projet d'émeute dans une Société secrète pour la nuit suivante; les sections sont en permanence, attendant le signal, et tout ce qu'on vient nous apprendre (car, quoique étranger aux Sociétés secrètes, nous avons souvent su beaucoup de choses, tant le secret est fidèlement gardé) nous indique un piége de la

Police. A l'instant même nous faisons courir partout quelques amis qui découvrent et qui montrent que l'impulsion était donnée par un mouchard. Sans nous, la population de Paris pouvait être réveillée au bruit du tocsin ou des coups de fusil et à la lueur des incendies; y aurait-il eu des malheurs, des victimes!... Mais, pendant que tout le monde dormait, nous passions une nuit sans sommeil; et le lendemain, tout le monde ayant bien dormi, personne ne se doutait des dangers qu'un mouchard avait rendus possibles et dont on avait été préservé par quelques-uns de ceux qu'on appelle des endormeurs!

A quelque temps de là, et toujours pendant la crise du recensement, nous ne trouvâmes pas d'autre moyen de prévenir une autre folie que celui de faire inviter, pour une partie de campagne, quelques uns de ceux que dévorait une fièvre d'impatience et qui pouvaient en entraîner d'autres dans une incalculable folie.

Et ce qu'il y a de plus remarquable, c'est que ce sont, pour la plupart, les hommes les plus ardents et les plus intrépides qui ont le mieux apprécié, plus tard, la prudence et la raison qui les avaient tant contrariés et tant irrités d'abord; ce sont ceux-là qui ont le mieux reconnu le service que nous leur avions rendu en les tirant d'une route couverte d'abîmes.

Nous ne parlons pas des services rendus en attaquant *les Bastilles,* en publiant nos *Histoires* et tous nos écrits, en rétablissant *le Populaire,* en propageant le *Communisme,* en allant à *Toulouse* pour le défendre et le sauver, en bravant tant de haines pour défendre la *Famille,* et pour faire abandonner les fatales *Sociétés secrètes.*

Aussi, indépendamment des sympathies déjà citées (V. pages 6, 7 et 8), voyez d'autres témoignages de confiance.

TÉMOIGNAGES DE CONFIANCE.

Vous connaissez l'Adresse signée de plus de *mille,* qui nous demanda de rétablir *le Populaire* pour éclairer et unir.

Quand nous publiâmes notre *Ligne droite,* qui combattait la violence, la masse des Communistes signèrent une déclaration qui se terminait ainsi :

« Oui, nous sommes irrités contre une forme de société qui nous refuse impitoyablement jusqu'au moyen de vivre en travaillant. Nous le répétons, la mort nous paraît cent fois préférable à cette cruelle position.

« Mais comment nous y prendre pour accomplir nos vœux ? Nous sommes si malheureux, si désespérés, nous tenons si peu à la vie d'aujourd'hui, que nous étions toujours prêts à crier comme les Lyonnais : *Vivre en travaillant ou mourir en combattant!* Beaucoup d'entre nous étaient disposés à recourir à tous les moyens, comme les aristocrates et les bourgeois nous en ont donné l'exemple; les moyens les plus énergiques leur semblaient les plus courts et les meilleurs : mais la *Ligne droite* nous a ouvert les yeux : tous les procès aussi. Nous voyons bien maintenant que nous ne pouvons pas conspirer, nous autres malheureux ou vriers, qui sommes sans expérience et dénués de tout, nous ne faisons que des victimes.

« Changeons de marche! Nous avons toujours la résolution bien réfléchie de conquérir nos droits. Nous avons plus que jamais cette volonté. Nous risquerons notre vie quand la nation le voudra : on n'aura jamais le droit de nous appeler des lâches! Et qu'on le sache bien surtout, ce n'est pas une simple question de salaire qui nous inspire cette résolution déterminée; c'est que nous voulons conquérir notre dignité d'hommes et nos droits de citoyens. Mais nous sommes décidés à suivre la *Ligne droite*, à renoncer aux sociétés secrètes, à tout ce qu'on peut appeler complot, émeute, attentat. Nous sommes décidés à suivre les voies légales, l'opinion publique, la volonté générale. Nous sommes décidés à nous instruire, à nous moraliser toujours davantage, à pratiquer l'union et la fraternité. Nous sommes décidés à forcer les bourgeois et les riches à nous estimer et à écouter nos réclamations. Nous sommes décidés à éclairer nos frères, à discuter avec eux, à les persuader. Nous sommes décidés à ne rien faire qui puisse nous faire craindre la justice et la police, mais en même temps à exercer tous nos droits sans crainte et sans peur. Nous sommes décidés à avoir *le courage civil*, à nous avouer Communistes, et même à être martyrs pour la Communauté.

« Nous marcherons donc dans les limites tracées par la *Ligne droite*, et les intimidations de la Police viendront se briser devant l'attitude imposante que des hommes d'une conviction réfléchie peuvent opposer à la persécution. »

Quand un Pamphlet, infernal dans son but, essaya de nous tuer moralement en entassant toutes les calomnies contre nous, l'Assemblée générale des Actionnaires, composée de plus de 140 membres, décida qu'elle ferait imprimer à ses frais notre réponse, et nomma une commission qui rédigea et publia, le 7 août 1842, l'adresse suivante :

Adresse de la Commission des Actionnaires.

« Cher citoyen Cabet,

« C'est au nom de la Réunion des Actionnaires du *Populaire* que nous vous adressons ces mots, pour vous faire connaître notre opinion sur une brochure dirigée contre vous, à laquelle vous n'auriez pas besoin de répondre si tout le monde avait l'avantage de vous connaître comme nous; mais puisqu'une réponse est nécessaire pour éclairer ceux qui ne connaissent pas votre vie de sacrifices pour le bonheur du peuple, qu'il nous soit permis de dire que nous considérons les attaques dirigées contre vous comme un moyen de diviser les Communistes, en s'efforçant de soulever des soupçons contre votre dévoûment à la cause de l'humanité. Quelles que soient les attaques qu'on veuille vous adresser, notre confiance en vous est inébranlable, notre reconnaissance et notre estime vous sont assurées; car nous adoptons entièrement la doctrine générale de votre *Voyage en Icarie*, et nous ne craignons pas de le déclarer hautement, pour montrer que nous adoptons le Mariage et la Famille, et que nous nous séparons de toute idée de violence, de Société secrète, d'émeute et d'attentat, toujours si funestes au Peuple.

« Et pour vous prouver jusqu'où va notre confiance en vous, c'est nous qui nous chargeons de faire imprimer et de distribuer à nos camarades votre réponse, sans avoir besoin de la connaître.

« Recevez, cher citoyen, l'expression des sentiments de l'estime toute fraternelle avec laquelle nous sommes les membres de la Commission nommée par la réunion de la Société des Actionnaires du *Populaire*. »

MAILLARD, LEROY, BOURGEOIS, DESSINGIS, VILLICUS, DUCOIN, GUÉNICHET, VIOLLOT, TESSIER, FAYARD.

Que d'*adresses* (imprimées dans le *Procès de Toulouse*) pour nous prier d'aller y défendre le Communisme !

Et tout récemment, au sujet du redoublement de calomnies, 60 des principaux actionnaires viennent de signer l'*Adresse* suivante insérée dans *le Populaire* n° 2, 4ᵉ année :

Adresse au Directeur du Populaire.

« Cher citoyen,

« Lorsque, après la publication du *Voyage en Icarie* et sur nos instances, vous consentites à faire *le Populaire* de 1841, c'était un engagement d'honneur et de loyauté que nous contractions tous, c'était un lien qui nous unissait tous dans une solidarité commune en nous unissant à vous, en nous unissant au *Populaire*; et c'était l'acte le plus sage que l'on eût fait jusqu'à ce jour pour le triomphe de notre cause, parce que nous considérons qu'un journal comme *le Populaire* est une œuvre capitale pour l'intérêt du malheureux prolétaire.

« Vos efforts et votre dévoûment, secondés par le zèle de beaucoup d'entre nous, devaient assurer le succès de l'entreprise en rendant notre journal *hebdomadaire*. Par de nouveaux efforts, par de nouveaux sacrifices, nous devions espérer que les dernières difficultés allaient s'aplanir, et déjà nous poussions un cri de joie...

« Mais qui le croirait, si ce n'était la parfaite image du siècle ! Tandis que nous unissons tous nos moyens et toutes nos ressources, tandis que nous accomplissons l'engagement que nous avons pris envers vous, tous nos adversaires, tous nos ennemis, des hommes qui prennent le titre de Communistes, semblent se liguer pour nous entraver.

« Et quels sont les moyens qu'ils emploient ? Ce sont les attaques les plus déloyales, les calomnies les plus insensées. Notre nouvelle souscription semble avoir doublé leur fureur contre nous et *le Populaire*.

« Profondément affligé d'une situation pareille, vous nous avez réunis pour connaître nos sentiments.

« Eh bien ! citoyen, nous ne pouvons voir qu'un but à toutes ces hostilités : c'est contre le *Communisme* qu'elles sont dirigées, par conséquent contre *la cause et l'intérêt des travailleurs*.

« Mais nous ne pouvons reculer devant nos ennemis, et nous sommes résolus à nous défendre.

« La calomnie est un poison qui tue si l'on n'y prend garde. Pour un aussi grand mal, il faut un remède énergique.

« Faites connaître toute la vérité, déchirez le voile, démasquez les calomniateurs ! C'est un nouveau service que nous venons vous demander.

« Nous connaissons leur vie ; et, quand vous le voudrez, nous vous la ferons connaître.

« Qu'on le sache bien ! Plus on s'acharnera contre notre *Populaire*, plus nous ferons de sacrifices et d'efforts pour le soutenir contre tous ses adversaires et tous ses ennemis. »

Nous ne répéterons pas l'énergique *Adresse de Périgueux*, insérée dans le n° 4 du *Populaire*; mais nous transcrirons ici une *Adresse* de Toulouse.

Adresse de quelques Communistes de Toulouse.

« Citoyen Cabet,

« D'après l'article intitulé : *Persécution contre le Communisme*, qui vient de paraître dans le numéro 2 du *Populaire*, nous avons tous éprouvé ce sentiment de douleur qui vient briser le cœur d'un fils en présence des peines qu'éprouve son père.

« Cependant il ne faut pas s'exagérer le mal. Nous avons des jaloux, des ennemis; mais qui n'en a pas? il n'y a que celui qui ne fait rien, n'est rien, ne cherche rien, ne veut croire à rien; ou bien l'homme de pâte molle qui reçoit la forme de toutes les mains qui le pressent; mais du moment où l'homme quitte sa neutralité, les jalousies et les ennemis se manifestent nécessairement du côté opposé à celui qu'il a choisi.

« La société se subdivise en mille fractions qui toutes sont puisées dans les deux grandes coupes du bien et du mal, du faux et du vrai, du ciel et de l'enfer. Eh bien ! 900 sur 1,000 appartiennent malheureusement encore au mal, au faux, à l'enfer. Tandis que 100 seulement (et c'est dire beaucoup) appartiennent au bien et au vrai.

« Quand on entre dans le monde, on y arrive presque toujours par la porte de l'erreur. On court d'une subdivision à l'autre, on cherche la meilleure ; toutes celles-là sont mauvaises. Ce n'est que lorsqu'on les a franchies, jugées, abandonnées, qu'on peut entrer dans le bien et le vrai. Il y a des hommes qui se plaisent dans l'erreur et qui s'y vautrent toute leur vie; c'est la plaie ouverte et saignante de l'humanité. C'est le sang corrompu qui en découle pour se répandre sur le corps social qui vicie, salit, empoisonne tout ce qu'il touche.

« Voilà notre manière de voir : partant de là, jugez si nous serons embarrassés pour choisir et prononcer entre la doctrine Icarienne et celle des opposants, entre vos écrits et les leurs, vos conseils et les leurs ! D'ailleurs ce choix n'est-il pas fait depuis long-temps? N'avez-vous pas reçu nos promesses verbales, nos promesses par écrit? Frapperez-vous donc d'anathème tout le troupeau, si quelques jeunes brebis s'égarent ?...

« Les hommes éclairés, les hommes justes et raisonnables, les hommes dépouillés d'égoïsme et d'orgueil, les hommes qui cherchaient le bien et le vrai, et qui travaillent depuis long-temps à leur régénération, ceux-là vous ont compris, vous ont jugé, vous ont *accepté* : ils vous ont accepté non pas comme un homme infaillible, non pas comme un homme-dieu, devant lequel on doit aveuglément se prosterner, mais comme un homme de justice et de vérité, comme un homme de science et d'expérience, comme un gladiateur courageux qui a brisé l'armure et démasqué l'ennemi, comme un homme qui est l'expression de nos idées, de nos vœux, de nos désirs, et sans lequel nous ne pourrions pas, le même jour, communiquer d'un bout de la France à l'autre, enfin comme un homme d'amour et de charité, que nous aimons comme il nous aime.

« Courage donc et patience, citoyen Cabet ! Laissez passer, comme nous le faisons, le bourdonnement du frélon : son bruit monotone est impuissant et ne peut effacer l'harmonie délicieuse dans laquelle nous vivons.

« Recevez l'assurance de nos sympathies et de notre attachement bien sincère, de notre reconnaissance.

Salut fraternel.

VERDIER, poêlier.　　B. PERPIGNAN, bottier.

GAILLARD, cordonnier.　　A. L. GOUHENANT, peintre.

Et si nous citons tant de témoignages de sympathie et de confiance entre mille autres, indépendamment du grand nombre de nos abonnés (plus de 2,200) et du grand nombre de nos souscripteurs (près de

1,000), ce n'est nullement par aucun sentiment de vanité, nous le répétons, mais uniquement pour démontrer combien de démentis indirects reçoivent les calomniateurs et combien ils sont coupables.

Cependant rien ne les arrête; il faut donc les démasquer, et c'est ce qui nous reste à faire.

Sect. 3. — Les Masques arrachés.

PAS DE PERSONNALITÉS.

Pas de personnalités, pas de personnalités, s'écrie-t-on de tous côtés! Mais nous soutenons qu'il faut ici des distinctions.

Sans doute, quand il s'agit de discussion de principe, de doctrine, de science, dans une question de mathématiques par exemple, toute personnalité est inutile et par conséquent doit être proscrite. Mais quand il s'agit de conseils, d'avis, d'accusation surtout, c'est une nécessité de connaître la capacité ou la moralité de celui qui parle. C'est une des premières règles de législation criminelle que l'*accusé* a le droit de dire, *contre la personne* du dénonciateur, de l'accusateur et du témoin, tout ce qu'il croit utile à sa défense.

Sans doute il ne faut pas de personnalités pour attaquer inutilement ou injustement et surtout pour calomnier; sans doute encore, si tout le monde était d'accord pour ne faire ni injustice ni personnalités, personne ne devrait commencer; et ce qu'il faut avant tout crier, c'est pas d'injustice, pas d'attaque, pas de calomnie!

Mais, quand on se défend, ce n'est plus de la personnalité, c'est de la *défense*; et c'est l'agresseur seul ou le calomniateur qui fait de la personnalité.

Est-ce que, pour ne pas faire de personnalités, il ne faut poursuivre ni les voleurs, ni les assassins?....

Est-ce que les Partis s'interdisent les personnalités contre les Partis ennemis? Est-ce que les Patriotes se privent de personnalités contre Guizot, Thiers, etc.? Est-ce que les révolutionnaires n'applaudissent pas au courage des amis du Peuple qui multipliaient les personnalités contre les ennemis de la Révolution? Est-ce que les Démocrates ne demandent pas que les personnalités vraies soient permises contre les fonctionnaires publics? Est-ce que les partisans des sociétés secrètes se font faute de personnalités contre nous?

Pour nous, nous n'avons jamais attaqué que pour défendre le Communisme ou nous; nous n'avons jamais fait autre chose que nous *défendre*, et nous rougirions de nous livrer à des personnalités inutiles.

Et nous voulons nous défendre toujours; nous ne voulons pas nous laisser assassiner comme tant d'autres par la calomnie; et personne d'honnête ne peut demander qu'on laisse les calomniateurs assassiner leurs victimes!

Ce sont les calomniateurs qui crient le plus fort : *Pas de Personna-*

lités! comme les assassins crieraient volontiers : Pas de gendarmes ni de juges ! comme le Despotisme et la Tyrannie crient : Pas de *presse* et pas de *défense!*

Prohiber les personnalités contre les agresseurs, contre les mouchards et les traîtres, contre les calomniateurs, ce serait assurer une prime à la calomnie, ce serait l'encourager, ce serait une duperie et une folie !

En un mot, nous nous défendons contre des ennemis, des agresseurs, des calomniateurs : qu'on ne nous parle plus de *personnalités!*

Du reste, quiconque se mêle de politique est *comptable* et *responsable* de toutes ses actions.

COMPTABLE, RESPONSABLE.

La *Politique* n'est pas une affaire privée : celui qui se mêle de *Politique* dispose de la fortune, de la liberté, de la vie des autres, de beaucoup et même quelquefois de tous ; il se constitue le *mandataire* de ses concitoyens ; par conséquent il consent à devenir essentiellement *comptable* et *responsable.*

Si la Démocratie était réalisée, si le Peuple pouvait s'assembler comme autrefois, nous appellerions devant lui nos calomniateurs, et justice en serait bientôt faite ! Il faudrait prouver là toutes les accusations ; il y aurait des applaudissements et des couronnes pour tous ceux qui seraient utiles au Peuple ; mais les bavards, les méchants, les calomniateurs, les perfides, les mouchards, seraient bafoués, maudits, chassés, réduits à jamais au silence.

Vous tous qui nous attaquez et nous calomniez, prenez garde ! c'est de la politique que vous faites ; vous vous *obligez* à rendre compte de toute votre conduite, et vous nous donnez le droit et le devoir d'examiner toute votre vie.

DROIT ET DEVOIR.

Puisque nous nous dévouons à la politique et à la défense des intérêts du Peuple, c'est un *devoir* pour nous de signaler, de démasquer, de combattre tous ses ennemis, tous ceux qui lui nuisent, pour les empêcher de lui nuire davantage.

C'est aussi un *droit* pour nous de nous défendre, soit contre les calomnies, soit contre les sociétés secrètes, parce que, les unes comme les autres, peuvent perdre à notre insu, nous, nos parents, nos amis, le Peuple entier.

Nous avons plus d'intérêt et plus de droit par conséquent que beaucoup d'autres, car il en est peu qui aient été autant compromis que nous.

Ainsi, en juin, quoique nous fussions complètement étranger à tout projet d'émeute, quoique nous l'eussions vue avec déplaisir quand elle commençait, nous avons été poursuivi comme chef du complot, et nous aurions probablement été fusillé par le conseil de guerre, si nous avions été pris pendant les premiers jours de l'état de siége, et nous aurions péri avec la réputation d'un conspirateur et d'un émeutier.

La calomnie nous accusait jusque dans le Palais du Roi et dans les corps-de-garde de la garde nationale de nous être emparé d'une Mairie à la tête d'une bande d'insurgés, d'y avoir pris des armes et des munitions, de les leur avoir distribuées et d'être ainsi cause de la mort de plusieurs gardes nationaux. Si nous avions été arrêté, on nous aurait peut-être tué sans jugement dans le premier moment de fureur et de vengeance.

Et pendant ce temps les combattants de *Saint-Méry* nous auraient fusillé comme un traître parce qu'un ancien colonel leur avait dit, pour les entraîner, que nous avions promis de venir les joindre à la barricade avec des hommes et des munitions, et que, ne nous voyant pas arriver, ils criaient contre nous à la trahison.

En mai, quoique nous arrivassions à peine de l'exil, quoique nous ne sussions pas un mot du projet d'émeute, nous avons été dénoncé et menacé d'arrestation.

Et, malgré l'énergie et la constance de notre opposition aux Sociétés secrètes, nous savons, avec la plus grande certitude, que, soit à Lyon, soit à Paris, on se sert clandestinement de notre nom pour entraîner dans les sociétés secrètes, en disant à ceux qu'on ne peut entraîner autrement que nous sommes un des chefs de ces sociétés et que notre hostilité publique n'est qu'une ruse très-adroite pour cacher notre jeu.

Il faut que nous soyons bien pur, bien franc, bien connu pour notre franchise, bien inattaquable réellement, pour n'avoir pas été compromis et perdu cent fois !

Mais enfin, puisqu'on fait tant pour nous perdre, nous avons bien le droit de nous défendre !

Nous avons déjà dit qu'une vaste *organisation de calomnie* semblait exister, que cette organisation était dirigée par les Jésuites, ou par les Carlistes, ou par la Police, ou par les Sociétés secrètes, et qu'elle avait, dans les départements comme à Paris, une *bande d'ouvriers* qui attaquaient et calomniaient partout le Communisme, *le Populaire* et nous, qui courent partout pour répandre la calomnie et qui semblent payés par quelque main occulte.

En voici une nouvelle preuve; car aujourd'hui même nous recevons d'une ville éloignée une lettre dans laquelle on nous dit :

« Nous ne savons qui *peut faire courir des bruits* aussi absurdes; on dit que vous êtes *vendu au gouvernement*; que, si cela n'était pas, vous ne pourriez lancer de *pareils écrits*; que tout n'est que *manœuvre* pour faire découvrir et connaître les vrais patriotes; mais l'on a toujours bien soin de ne le dire à aucun de nous Communistes Icariens; l'on ne dit cela qu'à des personnes qui n'ont pas encore compris; cela se dit d'abord par des *Prêtres*, par *l'aristocratie* qui est *toute tremblante*, et surtout par quelques personnes faisant partie des *sociétés secrètes*, qui disent que jamais la Communauté n'arrivera, que la marche du *Populaire* est *trop lente*. Mais la nous, nous sommes convaincus que les sociétés secrètes ne peuvent être que *dangereuses* à la cause du Peuple, et nous ne suivrons d'autres principes que celui que vous nous avez si bien démontré dans le *Voyage en Icarie.* »

Mais comment lutter contre les agents d'une organisation qui calomnie dans les ténèbres? On ne peut ni les imiter ni se défendre dans les ténèbres; la partie n'est pas égale avec eux : on ne peut donc que les démasquer publiquement.

Quelle cruelle nécessité pour nous ! Combien elle nous répugne! Vingt fois, avant de commencer cet écrit, vingt fois, depuis qu'il est commencé, nous avons été tenté de tout souffrir en silence;... mais ce n'est pas de nous qu'il s'agit; c'est le *Communisme* et *le Populaire* que l'on veut tuer... Il faut tout abandonner ou démasquer... et tout nous impose une dure nécessité. C'est pour défendre la masse des bons que nous allons dévoiler quelques mauvais; c'est pour servir le Peuple que nous allons démasquer ceux qui lui font autant de mal que pourraient en faire ses plus cruels ennemis.

Mais comment démasquer? — En signalant les calomniateurs, en racontant leurs calomnies, en examinant leur position sociale, leur genre de vie, leurs moyens d'existence, leur situation politique.

Allons, du courage ! c'est le plus grand sacrifice que nous aurons fait, l'un de nos actes de dévoûment les plus pénibles, mais l'un des plus grands services que nous aurons rendus !

X...Y...Z.

Le plus acharné de nos calomniateurs, c'est un nommé *X...Y...Z,* ouvrier, et maintenant *logeur* d'ouvriers : il n'y a pas d'efforts qu'il ne fasse pour tuer *le Populaire* en nous déshonorant, pas de calomnies qu'il ne débite. Il déploie une activité diabolique, court partout, va dans les ateliers;... et cependant il nous doit beaucoup de reconnaissance et s'est montré long-temps le plus ardent de nos partisans...

Dans le numéro 2 du *Populaire* nous disions :

« Et de ces hommes qui nous outragent et nous calomnient, il en est un pour qui, pendant notre exil en Angleterre, nous nous sommes compromis pour le tirer de la prison à laquelle il avait été condamné pour outrage public à la pudeur, à qui nous avons donné de l'argent pour qu'il pût revenir en France avec sa famille, et qui nous prodiguait le plus de témoignages de reconnaissance, de dévoûment et de respect, avant que sa sotte présomption blessée l'ait rendu fou de dépit et de haine ! »

Nous ne le nommions pas; nous ne citions le fait que pour nous défendre contre la calomnie en indiquant l'ingratitude du calomniateur;... mais il s'est démasqué lui-même en allant partout montrer un écrit qu'il appelle *certificat,* qu'il dit émané de nous, et qui prouverait, suivant lui, qu'il a été injustement condamné à trois mois de prison... Ainsi, il avoue la condamnation; mais il trouve là un prétexte pour de nouvelles et odieuses calomnies : il faut donc bien expliquer la chose, et vous allez voir !

Pendant notre exil à Londres, X...Y...Z, arrivant avec sa femme et deux petits enfants, parce qu'il n'avait pas, disait-il, d'ouvrage à Paris, vint nous voir de la part de *Charles Teste* et du docteur *Berrier-Fontaine*. Il se disait Communiste. Nous l'accueillîmes bien, comme nous accueillons tout le monde. Il revint plusieurs fois, et quoique nous fussions très-occupé et que notre temps fût très-précieux pour nous, nous eûmes la bonté de l'écouter parce qu'il paraissait malheureux. Il eut beaucoup de peine à trouver quelque chétive occupation.

Un jour, on vint nous dire qu'il venait d'être arrêté, accusé d'un outrage public à la pudeur envers deux jeunes demoiselles anglaises dans le parc ou jardin de Saint-James, et condamné le lendemain à trois mois de prison. Il nous écrivit une longue lettre dans laquelle, tout en s'excusant de n'écrire que comme un *prolétaire*, il soutenait qu'il était innocent, qu'on l'avait arrêté pour un autre, et qu'il était victime d'une erreur et peut-être de la haine des Anglais contre les Français.

Persuadé de son innocence, ne pouvant croire qu'un homme qui avait une jeune femme et deux petites filles, qui se recommandait de personnes honnêtes et qui affichait des principes d'honnêteté, pût abuser à ce point de l'hospitalité d'un Peuple étranger, rempli d'ailleurs de compassion pour sa jeune femme et ses enfants, nous résolûmes de solliciter l'annulation de son jugement ou sa grâce. Nous fîmes pour lui une multitude de démarches qui nous firent perdre un temps énorme, infiniment précieux pour nous. Nous allâmes cinq ou six fois chez le Député *Hume* (qui demeurait très-loin) pour le prier de s'intéresser à l'affaire, ce qui lui répugnait et ce qu'il ne fit que pour nous donner une preuve de son vif désir de nous obliger. Après beaucoup de peine, nous obtînmes la permission d'aller le voir dans sa prison qui était très-éloignée. Nous le trouvâmes dans un état affreux, sous l'uniforme de prisonnier, sale et noir, forcé de nettoyer avec les mains de vieux cordages couverts de goudron. Notre visite lui valut quelques adoucissements. — Nous allâmes voir plusieurs personnes de sa connaissance pour leur demander des renseignements avec lesquels nous rédigeâmes des *certificats* que nous retournâmes leur faire signer, ce qui nous fit faire beaucoup de courses et perdre beaucoup de temps. — Nous rédigeâmes un *mémoire* pour le Premier Ministre, à qui le Député *Hume* consentit à le porter. — Le Ministre répondit que si les faits affirmés étaient vrais, le juge serait destitué et le prisonnier rendu à la liberté; mais qu'il allait ordonner une *enquête*. — Quelques jours après, il nous fit écrire pour nous dire que le condamné était manifestement coupable. Écoutez le Ministre, puis M. Hume, et d'abord le condamné.

Le 18 septembre, X...Y...Z. m'envoya par la poste, de sa prison, une longue lettre dont voici la substance et l'extrait :

« Monsieur,

« Voici les détails *exacts* de l'événement qui m'a séparé de ma femme et de mes chers enfants en me valant *trois mois de prison*.

« Le lundi, 2 du courant, vers 3 heures de l'après midi, après avoir fini mon travail, je rentrai chez moi, où je ne trouvai personne. Alors, pensant que ma femme était allée au Parc, où elle allait très-souvent pour promener les enfants, je m'en y fus. Ne l'ayant point trouvée, je restai à m'y promener, lorsque, fatigué de courir, il me prit envie de m'asseoir pour me reposer un instant, ce que je fis, en détournant un ravin touffu, comme il y en a beaucoup au parc Saint-James. Je me suis donc assis, sans y faire attention, à côté de deux *jeunes demoiselles*, dont l'une pouvait avoir 12 à 14 ans et l'autre 16 à 18... Elles me regardèrent avec mépris.... Un moment après, l'une d'elles se leva pour aller chercher un *policeman* (sergent de ville). Il m'arrête. Le magistrat m'interroge de suite ainsi que les deux jeunes demoiselles... On me fait coucher en prison. J'écrivis à ma femme pour la prévenir que j'étais arrêté sans savoir pourquoi... Le lendemain ma femme vint à 10 heures avec Dauph... et son ouvrier... On m'appelle devant le magistrat... On entend les deux demoiselles... Le magistrat échange ensuite quelques paroles avec Dauph... et son ouvrier, après quoi l'on me *condamne à 3 mois* de prison, condamnation que je n'appris que par le geôlier, après être sorti du tribunal et avoir été ramené dans la prison.

« Voilà les faits tels qu'ils se sont passés. Comme vous voyez, je n'ai *lâché de l'eau* nulle part, ni je ne me suis *exposé devant personne*; et pourtant je suis condamné à trois mois de prison. Il faut que ces jeunes filles se soient méprises. Comment pourrait-il en être différemment, puisque l'homme qui leur aurait fait des injures était dans le ravin d'où elles ne pouvaient bien le distinguer.

« Vous m'excuserez, monsieur, si je n'ai pas pris plus de précautions pour vous écrire ; mais vous passerez là-dessus en pensant que c'est un *prolétaire* qui vous écrit.

« Bien des choses de ma part à *Berrier-Fontaine* dont je suis désespéré de donner tant de *tourments ainsi qu'à vous*, monsieur.

« J'ai l'honneur de vous saluer et je suis votre dévoué serviteur.

« X...Y...Z... »

Le 26 septembre 1838, le Premier ministre nous fit écrire la lettre suivante :

A M. *Cabet.*   Palais de *White-Hall.*

« Monsieur,

« M. Hume ayant envoyé à lord *John Russel* votre lettre du 17 courant, en faveur de X...Y...Z... qui a été convaincu d'avoir *exposé indécemment sa personne* et qui a été condamné à *trois mois de prison*, lord John Russel me charge de vous informer qu'il a fait une *enquête détaillée* de toutes les circonstances de l'affaire, et qu'il a reçu une copie des *dépositions* avec un *Rapport* des magistrats.

« D'après ces pièces il paraît que X...Y...Z... a été convaincu de s'être rendu coupable *plusieurs fois* de la *même offense* envers les mêmes jeunes filles, et qu'il n'y avait pas le *plus léger doute* sur son identité, trois témoins ayant affirmé sous serment que c'était bien lui.

« Quant à l'assertion que X...Y...Z... a pu *ne pas comprendre* l'accusation ni le but de la procédure, les magistrats déclarent qu'il avait avec lui devant le tribunal *ses amis* et le *maître* chez lequel il travaillait, et que l'un d'eux a *rempli le rôle d'interprète* et lui traduisait les questions et les débats phrase par phrase, conférait avec lui sur ce sujet, recevait ses réponses et les communiquait ensuite en anglais.

« La défense a été, pour se servir des expressions de son interprète, qu'il n'a fait rien autre chose que *pisser*, sans nier d'ailleurs qu'il fût *l'individu* qui s'était exposé devant les plaignantes.

« Dans ces circonstances, lord John Russel regrette de ne pouvoir intervenir dans cette affaire.

« J'ai l'honneur, etc.   MAULE. »

En nous envoyant cette réponse du Ministre, le 30 septembre, M. *Hume* nous écrivit :

« Mon cher Monsieur,

« Je vous envoie la réponse que j'ai reçue du bureau du secrétaire d'Etat, et ma demande à l'appui de votre lettre. Je crains que vous ayez été mal informé des faits de la cause, ou bien l'avis donné par le bureau de police est bien extraordinaire.

« Je suis, etc. JOSEPH HUME. »

Et quand nous revîmes M. *Hume*, quelques jours après, il me confia que le Ministre lui avait exprimé son étonnement de ce qu'il s'était intéressé à une pareille affaire, et m'avoua qu'il regrettait vivement une condescendance en ma faveur qui compromettait sa réputation de prudence et son crédit, et qui l'empêcherait peut-être d'être utile à des malheureux vraiment innocents.

Nous nous trouvions nous-même dans l'impossibilité de rien demander désormais à M. Hume, et de rendre aucun service à nos compatriotes auprès du Gouvernement anglais.

Voilà comme les bons souffrent pour les mauvais ! Voilà comme un mauvais compromet tous les bons ! Voilà comme les bons ont intérêt à démasquer les mauvais !

A sa sortie de prison, X...Y...Z... vint nous témoigner sa reconnaissance.

Forcé par la misère de quitter Londres et de revenir à Paris, il se trouvait sans ressources pour faire le voyage. Nous fîmes une collecte auprès de quelques amis et lui donnâmes (plus pour sa femme et ses deux petits enfants que pour lui) quelque argent sans lequel il n'aurait pas pu, disait-il, revenir à Paris.

A notre retour d'exil, il revint nous témoigner sa reconnaissance. Personne ne nous montrait plus de respect, personne ne déployait plus de zèle, d'ardeur, d'activité pour obtenir des abonnés et des actionnaires au *Populaire*, pour placer notre *Voyage en Icarie*, nos autres écrits et des coupons ; personne ne vantait plus nos ouvrages, personne ne paraissait plus complètement dévoué. Lorsque M. Lah... se sépara de nous, X...Y...Z..., qui avait fréquenté son ménage, nous aurait dit tous ses secrets et nous aurait tout dépeint des pieds à la tête, si nous ne l'en avions pas empêché. Plusieurs fois, dans l'assemblée générale des actionnaires, nous fûmes obligé de lui imposer silence pour l'empêcher de faire notre éloge et de déchirer publiquement nos adversaires ; il était toujours prêt à signer toutes les adresses, il a signé celle contre le calomniateur dont il répète aujourd'hui les calomnies, après l'avoir déclaré bien criminel ; il se plaignait toujours que les adresses n'exprimaient pas assez leurs sentiments de reconnaissance, de respect, d'admiration et de dévoûment, ce que les autres refusaient dans l'opinion que cela me déplairait ; enfin il poussait le zèle si loin qu'on l'appelait (nous ne l'avons appris que plus tard) notre *chien couchant*. Il nous avait même proposé d'établir un *baptême Communiste*, et voulait que nous fussions *parrain* d'un de ses enfants. Mais si nous pouvions accepter son zèle pour la propagande, nous ne pouvions pas lui donner un pareil témoignage d'estime.

Mais le malheureux s'avise d'être auteur ; la vanité et la présomption l'étouffent ; et tout change du blanc au noir et du noir au blanc.

Il médite de faire un *plan d'une Commune modèle*, et confie son projet à quelques camarades. « En as-tu parlé à M. C....? lui dit-on. — Non. — Mais tu devrais lui en parler... — Non ; je crains qu'il n'approuve pas... — Mais alors, s'il a raison de ne pas approuver?... — Je le crois utile... je veux le faire sans lui en parler. »

Quand il est fait, il nous apporte une épreuve contenant seulement un large dessin sans aucune explication. Comme il ne nous demande pas notre avis, nous ne le lui donnons pas ; nous lui signalons seulement, dans le titre, une faute (qui était une véritable ânerie) qui seule peut perdre le reste. Il chicane et argutie long-temps, puis se rend à l'évidence. Nous ajoutons que le dessin ou l'image n'est presque rien et que la description ou l'explication sera tout.

Quelque temps après, il revient avec son plan colorié contenant alors une description. Puis il nous l'offre pour l'exposer dans notre salon : nous le remercions. Il nous demande alors de l'annoncer dans *le Populaire* purement et simplement : nous refusons. Il nous demande pourquoi, et nous lui répondons : 1° parce qu'il est trop large ; il y a peu d'ouvriers qui aient assez de place dans leur chambre pour l'exposer ; 2° parce qu'il est trop cher, 4 fr. et 7 fr. avec le bois pour le suspendre ; 3° parce que la description qui est sur les côtés est mal lithographiée, mal divisée, confuse, très-difficile à lire et à consulter ; 4° parce que cette description me paraît mauvaise au fond ; 5° parce que la propagande par les livres et par de petites brochures à 2 ou 3 sous me semble préférable à un pareil plan qui coûte 4 ou 7 francs. Si je n'avais pas eu cette opinion, il y a long-temps que j'aurais fait un plan, car deux habiles architectes m'ont prié de le leur laisser faire.

Comme il insiste avec une incroyable impertinence (ah ! quel dévoûment il faut avoir pour se résigner à un pareil rôle !), nous lui offrons d'insérer une lettre dans laquelle il étalerait toutes les magnificences de son plan, et toutes ses plaintes contre notre refus de l'admirer, en nous réservant de soumettre au Public nos raisons pour le désapprouver. — Mais il refuse et préfère crier. »

Peu de jours après, nous l'appelons dans une grande Commission de 30 à 40 qui existait alors, dont il est membre, à laquelle il a toujours assisté, en l'invitant à venir lui soumettre son plan. — Mais, au lieu d'y venir, il envoie la lettre suivante que nous transcrivons textuellement avec son orthographe et sa ponctuation : c'est curieux pour un auteur !

A messieurs les Membres de la Commission.

« Messieurs,

« Connaissent l'opinion intime et positive de M. Cabet à l'égard du plan de

MA *commune modélle*, par consequand ge n'ai pas jugé convenable de venir ce soir à votre réunion ni d'iápporter MON *plan* come M. Cabet *m'y engage dans sa lettre* pour vous *le présenter*, à quoi bon venir *vous soumètre* un plan que votre directeur n'aprouve pas, atándu quil le trouve *nuisible*, moi comme vous pouvez le penser je suis d'une *opinont* contraire, et *j'en appélle à ceux qui l'ont vu* quis déclare franchement s'ils l'ont vue ou trouvé, lorsque ge le leur ai montré, mauvez ou nuisible à la propagande, mais aléz vous me dire il falait venir et *nous presetez votre plan* alors nous vous ussions mis tous les deux d'acor en donent raison à l'un ou à l'autre, ge vais vous montrer que vous ni pouvier rien et voissi le fait; ge me suis présenté chez M. Cabet pour lui montrez MON plan complaitement terminé avec la *franchise* et la *confia*nce dont g'aitais susceptible *toutés les fois* galais chez lui ge lui *demandais l'inserciòn* ou l'annonce *pure et simple* de mon plan dans le prochain n° du *Populaire*, aprez l'avoir bien examiné et un peu réfléchi et pouse par mes questions il fini par me declarez qu'il *ne l'anoncerait pas* atandu me dit-il que sa *lui paresset nuisible* a la propagande, alors gugez de ma *surprise, moi qui ai pris toutes les précautions* paussibles pour éviter toute espesse tiraillement en fin M. Cabet la trouve *nuisible*, mais ce qui me surprend le plus, c'est que lors du tirage de *l'épreuve* qui ut lieu en dexenbre ge la lui présentais il me fit quelques *observations sur le titre* que ge trouvais *fort justes* gen teint compte et ge le *modifiez*, a cette époque il *ne me promit pas positivement* qu'il l'anoncerait mai il *me fit a peu prez esperer*, lorsqu'il aurait pris *connaissence de l'explication* ou dévelopement qui devait ce trouver au bas de la lithographie, voila les fèts à peu prz tels quils ce son passés, HESSE l'explication ou dévelopement qui ce trouve être nuisible ou bien HESSE la *grande baule* dont nous avons décorée notre commune qui la rend nuisible enfin ge n'en sais rien et M. Cabet na *pas pu me le dire*, positivement par ce qui pressede vous le voyez il est *inutile* de vous soumètre une question qui est *dessidée d'avence*, et d'un autre côté me seriez-vous favorables et voudriez-vous exiger l'inserciòn du plan que ge *m'y oposerais formellement* pour ne *point faire violance à votre directeur*, ge termine en vous ennonsant, qua partir de ce jour je ne *fait plus partit de votre commission* par la raison que nous ne sommes considérés que comme de *colporteur ou des distributeurs d'écrits* la preuve 1° hal-manach qui vous aviòns tous réponda des frais s'il ne les ut point couvers, 2° la brochure et que l'on n'a pas annosé comme ètant publié par une cause sur Barcelone qui a été faite *sens vous a voire consulte* ge vous salue

X...Y...Z... »

P. S. S. Pour ce qui est de la *division* que l'on preten que mon plan va provoque que l'on ne s'ocupe pas plus de moi que *ge mocuperais des autres*
Paris le 7 fevrie 1843.

Voilà la lettre de X...Y...Z... qui constate la plus profonde ignorance, et ce malheureux est boursoufflé de vanité, d'orgueil, d'ambition! Il veut faire un plan, écrire, tracer le modèle d'une Commune!... Il remue ciel et terre pour créer un autre journal dans lequel il serait l'un des directeurs et des rédacteurs!... Quand un Ouvrier est modeste, judicieux, sage, nous n'examinons nullement s'il sait ou ne sait pas l'ortlhographe; il écrirait *hesse* au lieu de *est-ce*, que cela ne diminuerait en rien notre estime et même notre admiration; mais quand c'est un vaniteux et un impertinent qui veut faire la leçon à tout le monde, nous croyons qu'on ne peut trop lui répéter qu'il est un âne.

Ainsi ce X...Y...Z... qui, depuis qu'il lit de l'imprimé, n'a pas appris qu'il faut écrire *est-ce* et non pas *hesse*; ce X...Y...Z... qui reconnaît qu'il avait mis une bêtise dans le titre de son plan et que nous lui avons rendu le service de la lui faire apercevoir; ce X...Y...Z... ne veut pas que nous puissions avoir une autre *opinion* que celle de son infaillible génie sur l'utilité de son plan! Ce X...Y...Z... pousse la niaiserie jusqu'à vouloir que nous admirions la *grande beauté* de son image *décorée* de rouge, de bleu, de jaune, de vert!... Ou bien il a l'insolence de prétendre que nous recommandions aux ouvriers, qui ont confiance dans notre jugement, une œuvre que nous jugeons pitoyable sous tous les rapports!...

Pourquoi ne vient-il pas démontrer l'utilité de ce plan dans cette grande Commission organisée depuis long-temps pour discuter les questions qui lui seraient soumises?

Pourquoi fuir la discussion, quand on peut avoir la parole, et préférer la calomnie par derrière? Il ne vient pas parce qu'il sait bien qu'il serait couvert de confusion lorsqu'on démontrerait tous les vices du plan, lorsqu'on ferait voir combien il est ridicule de faire un plan si immense pour la mansarde de l'ouvrier, et de le vendre à un prix si élevé et si excessif proportionnellement à son utilité! S'il était venu, nous aurions prouvé que le plan était mauvais, nuisible, que nous avions mille fois raison de ne pas l'approuver. Il dit qu'il a pris toutes les précautions possibles pour bien faire; mais non, puisqu'il n'a consulté auparavant ni la Commission, ni nous. Et puis, si, malgré son intention de bien faire, il est ignorant, incapable, au point de mettre une grosse ânerie, un contre-sens dans le titre de l'ouvrage! — Il prévoit que la Commission sera de notre avis et l'accuse d'avance de servilité; mais il a discuté plusieurs fois au milieu d'elle; il sait qu'elle a la plus parfaite indépendance, et que nous encourageons nous-même toutes les objections; il sait qu'il est un bien petit garçon au milieu d'elle et qu'il a toujours adopté son avis; mais ce malheureux a l'esprit si mal fait et si vaniteux que, quand sa vanité est blessée, il attaquerait un tribunal, une Cour, l'Institut, une grandissime Assemblée, le Public même. — Il dit qu'il ne veut pas nous faire violence; mais alors pourquoi tant crier, tant calomnier? — Il dit qu'il ne s'occupera pas des autres; mais alors pourquoi tant courir pour injurier et calomnier? Ah! le malheureux!...

Mais voici qui est rare: ce X...Y...Z... nous parlait de ce plan comme s'il était son ouvrage, son invention; dans sa lettre il dit constamment MON plan; il écrit son nom sur le plan; on en parle comme du plan de X...Y...Z... — Eh bien! nous venons d'apprendre tout récemment qu'il n'est pas l'auteur du plan; que c'est *Bri....* qui en est l'auteur; que la description s'en trouve textuellement dans un ouvrage de *Bri...*, et que lui, X..Y..Z..., geai vaniteux qui se pare des plumes de paon, n'est ici que le *capitaliste bailleur de fonds* (où diable les a-t-il eus?) qui enlève au travailleur l'honneur de son travail! Y a-t-il assez de huées pour une vanité pareille!

À l'instant même, il semble que le dépit de voir ce plan désapprouvé par nous lui fait perdre la tête. On ne peut s'imaginer jusqu'où le malheureux pousse l'effronterie de ses démentis à lui-même ou de ses palinodies ; il dit et fait tout le contraire de ce qu'il a dit et fait pendant deux ans : nous étions presque un dieu pour lui, et maintenant nous sommes un diable ; rien n'était beau comme le *Voyage en Icarie*, et maintenant c'est le dernier des livres ; rien n'était bon et utile comme *le Populaire*, et maintenant rien n'est pire ; nos adversaires étaient des misérables à ses yeux, et maintenant il court les chercher pour se liguer avec eux ; il se vante d'avoir fait beaucoup de mal à d'autres par ses attaques, et affirme qu'il trouvera le moyen de nous en faire beaucoup à nous-même.... Et ses palinodies, ses calomnies, ses méchancetés sont si révoltantes que nous avons peine à comprendre comment on a la faiblesse de ne pas l'expulser... Il est vrai qu'il reçoit de sanglants affronts, mais rien ne l'arrête.

Il court maintenant les ateliers avec un papier qu'il prétend écrit ou signé par nous et qu'il appelle un *certificat* prouvant son *innocence* dans le scandaleux procès de Londres. — Ne connaissant pas ce papier, nous ne pouvons le discuter en lui-même : mais ce prétendu certificat, loin de lui servir aujourd'hui, ne peut que le confondre, le maladroit. Comment pourrions-nous attester, prouver, démontrer son innocence ? Est-ce que nous étions dans le parc avec lui quand les deux jeunes demoiselles jurent qu'il les a bestialement outragées ? Est-ce que sa pauvre petite femme, qui nous implorait pour lui, et son maître Dauph... et l'ouvrier de celui-ci étaient à côté de lui dans le jardin ?... Prétend-il trouver dans le certificat la preuve que nous avions l'opinion de son innocence et d'une méprise des jeunes demoiselles ? Mais le fait est bien manifeste : sans le certificat, puisque nous nous sommes tant intéressé à lui, puisque nous avons fait tant de démarches et tant de courses, puisque nous avons déclaré dans *le Populaire* que nous nous sommes *compromis pour le tirer de prison* et que nous lui avons *donné de l'argent* pour qu'il pût revenir en France ; mais, si nous l'avons cru innocent, c'est qu'il nous a TROMPÉ ; c'est qu'il a joint à un honteux délit envers deux jeunes demoiselles un délit plus grave encore : celui d'abuser, par le mensonge, de notre humanité ; c'est que nous ne pouvions croire qu'un homme qui nous était recommandé par deux anciens amis connus par leur moralité (Ch. Teste et Berrier-Fontaine) fût capable d'une si brutale immoralité ; c'est que nous ne pouvions surtout admettre l'idée qu'un père de famille, qui avait deux petites filles et une toute jeune femme assez remarquable par sa figure, pût être assez vil, assez ordurier, assez cynique, assez dévergondé, assez stupide, assez fou, assez brute, assez... l'expression nous manque.... pour outrager deux jeunes demoiselles en leur exposant à dessein sa hideuse nudité, dans un coin d'un jardin public, au moment où il cherchait sa femme et ses deux petites filles, quand l'image de son épouse, portant un de ses enfants et tenant l'autre par la main, devait épurer toutes ses pensées !... Si nous nous sommes laissé tromper par son serment d'innocence, qui n'aurait fait de même à notre place ? Est-ce lui qui peut nous reprocher notre confiance, entraînée d'ailleurs par notre humanité ?

Ah ! nous aurions été bien autrement en garde contre la possibilité de ses mensonges, si nous avions su alors ce que nous avons appris tout récemment ! Nous en avons appris de belles sur sa réputation à ce sujet !... et puisque c'est une vipère par la langue, puisqu'il déchire impitoyablement tout le monde, puisqu'il cherche à nous assassiner par ses calomnies, nous dirons tout. Ne sait-il donc pas, le malheureux ! qu'on l'accuse d'avoir déjà commis la même indécence, dans une caserne à Paris, envers des jeunes filles qui travaillaient vis-à-vis, comme la condamnation de Londres le déclare convaincu d'avoir *plusieurs fois* commis le même outrage envers les mêmes demoiselles ? Ne sait-il pas surtout qu'on l'accuse d'avoir cherché à séduire de jeunes ouvrières qui travaillaient chez lui et d'avoir proposé à l'une d'elles de la mettre en chambre et de lui acheter des meubles, peu de temps avant l'accouchement de sa femme ? On l'accuse même de tenir habituellement devant sa femme et ses ouvrières les propos les plus obscènes... — Nous n'affirmons pas que l'accusation soit fondée ; peut-être n'est-ce qu'une calomnie, comme il s'en permet tant ; mais qu'il soumette l'accusation à une réunion populaire, comme c'est l'usage entre démocrates et comme il l'a déjà fait pour un autre objet, et l'on verra si l'affirmation de cinq à six témoins mérite ou ne mérite pas quelque foi !

Voilà l'homme qui veut diriger le Peuple dans un journal et qui sème partout la calomnie !

Pour détruire la condamnation de Londres, qui le gêne un peu, il dit que nous avons refusé de le *défendre* parce qu'il n'avait pas d'*argent* à nous donner et parce que nous étions alors occupé à *défendre un capitaliste* qui pouvait nous payer grassement *contre un ouvrier* : mais l'insensé oublie que nous pouvons avoir sa lettre du 18 septembre (page 66), et vous allez voir quel tissu d'infamies !

Nous ne l'avons pas défendu ! — Mais d'abord est-ce que nous pouvions plaider devant un tribunal anglais ? Ensuite, qui nous obligeait à abandonner nos travaux pour aller défendre un pareil homme ? Puis, qui nous a prié d'aller le défendre ? Qui nous a prévenu avant la condamnation du 3 septembre ? Nous n'avons appris l'arrestation que plusieurs jours après la condamnation ! Il ne nous a écrit lui-même que le 18, quinze jours après !... Est-ce que, du moment que nous avons été prévenu, nous avons épargné nos courses, nos démarches, nos peines ?... C'est la plus noire ingratitude !

Nous ne l'avons pas défendu parce qu'il *ne pouvait nous payer !...* — Mais est-ce qu'il nous a payé nos courses, nos démarches, nos lettres, notre mémoire au Ministre, notre visite à la prison ?... Est-ce que, au lieu d'attendre de l'argent de lui, nous ne lui en avons pas donné pour qu'il pût revenir en France ? Est-ce que ce n'est pas évidemment la compassion, la pitié, l'humanité, qui nous entraînaient à le secourir ?

Et quand nous passons une grande partie de notre vie à donner, à toute heure, des consultations gratuites ; quand des milliers d'individus le savent et peuvent l'attester, le malheureux s'efforce de nous noircir comme un homme égoïste et cupide ! N'est-ce pas là la plus révoltante calomnie, la plus dangereuse ingratitude ? Ne devrait-il pas être maudit par tous ceux à qui nous fermerions notre porte pour ne plus nous exposer à rencontrer d'aussi méchants ingrats ?

Nous ne l'avons pas défendu parce que nous étions occupé à défendre un *capitaliste* contre un *ouvrier* !... — Mais c'est infâme, c'est tout le contraire ! Écoutez ! Deux Français s'étaient associés pour une industrie, l'un capitaliste bailleur de fonds, étranger à la politique, l'autre ouvrier, fondateur de la maison, réfugié politique, condamné à mort par contumace. Le capitaliste voulait expulser et dépouiller l'ouvrier. Des arbitres français étaient nommés pour juger la cause, station long-temps avant l'arrestation de X..Y..Z... Nous fûmes tellement indigné de l'injustice que le capitaliste voulait commettre en ruinant l'ouvrier et sa famille, tellement effrayé du danger qui menaçait le prolétaire, que nous quittâmes nos travaux pour conseiller, guider, sauver, GRATUITEMENT, le pauvre contre le riche... Et notre sacrifice de temps dans cette affaire, comme dans celle de l'impudique, était un sacrifice énorme ; car c'est ce qui nous a empêché de terminer en Angleterre notre *Histoire populaire universelle* que nous n'avons pu terminer en France pendant quatre ans. Et il se trouve un misérable qui, dénaturant tout, trouve là le moyen de nous calomnier !

Il dit que l'argent que nous lui avons remis pour revenir en France n'était pas le nôtre, mais provenait d'une collecte... — Oui, mais d'une collecte faite par nous, auprès de nos amis, en lui donnant *notre temps* bien autrement précieux que des écus. Faites donc des collectes ou des souscriptions, secourez des prolétaires opprimés, des ouvriers menacés par des capitalistes ! Heureusement tous les ouvriers ne ressemblent pas à un X...Y...Z... !

Mais tout cela n'est presque rien encore.

Ce malheureux va dire partout que nous volons l'argent du *Populaire* ; que celui-ci fait de grands bénéfices ; que tous les abonnés souscripteurs, acheteurs, colporteurs, correspondants, paient bien exactement ; et que nous avons employé les fonds à acheter plusieurs maisons, rue des Saint-Pères, rue de Varennes, boulevart des Italiens ! Conçoit-on une pareille accusation, une pareille calomnie, une pareille infamie, de la part d'un être comme lui, qui devrait être si reconnaissant envers un homme dans notre position, qui a rendu tant de services, à lui et à d'autres comme au Peuple, et qu'honorent tant de manifestations populaires ! Et il fait répandre les mêmes monstruosités par une petite bande de calomniateurs ! Et il se trouve des hommes honnêtes assez faibles pour les écouter ! C'est pour ceux-ci seulement que nous allons parler.

D'abord, quel caractère de pareilles calomnies nous supposent ! Dans la situation qu'on nous a faite, quand tant d'adresses d'ouvriers nous conjuraient de ne pas exposer dans un duel une vie qui leur était consacrée et qui leur était nécessaire, cette supposition n'est-elle pas un crime pour ainsi dire envers la cause populaire, surtout de la part de cet homme qui a signé ces adresses ?....

Quelle effronterie, quelle audace, d'affirmer un fait si précis, si positif, si matériel, si facile à constater, que nous avons acheté et que nous possédons *une, deux, trois maisons* à Paris ! — Ah ! pourquoi n'est-ce pas la vérité ! Nous réunirions souvent l'élite des travailleurs, des étudiants et des écrivains, dans des dîners sans luxe et dans des soirées sans aristocraties ; nous ferions dès demain *le Populaire* HEBDOMADAIRE avec une *Revue* ; nous appellerions 50 collaborateurs ; et toutes les calomnies comme toutes les divisions cesseraient à l'instant ! Nous donnerions ou nous prêterions quelque argent, et nous acquerrions beaucoup de partisans et de prôneurs !

Quelle crasse ignorance que de supposer qu'un pauvre journal mensuel et de propagande communiste, qui commence, peut donner des *bénéfices*, et qu'une souscription d'actions qui ne s'élève pas à 15,000 fr. réalisés, peut servir à acheter trois, même deux, même une maison à Paris, rue des *Saints-Pères*, ou rue de *Varennes*, ou boulevart des *Italiens* !

Tous les souscripteurs ont payé ! Mais le malheureux sait bien le contraire ! Il sait que beaucoup, écoutant leur dévoûment plus que leurs moyens, sont en retard à cause de la misère, d'autres parce qu'ils sont partis ; il sait que nous avons remboursé des actions pour quelques centaines de francs avec l'autorisation de l'Assemblée générale des actionnaires ; mais il ne sait pas que nous avons racheté nous-même des actions et coupons pour de braves Communistes qui s'expatriaient, ou que des maladies ou des revers plongeaient dans la détresse. Que de faits intéressants nous pourrions faire connaître ! Que d'ouvriers pourraient démentir le calomniateur, s'il est vrai qu'il est rare de trouver des ingrats comme lui !

Tous les *abonnés* et les *acheteurs* paient !... — Mais le malheureux sait bien que son ami Car... presque aussi vaniteux et présomptueux que lui, clabaudeur et hostile comme lui, malgré la bonté que nous lui avons témoignée, doit au *Populaire* l'abonnement de dix-huit mois, malgré qu'on le lui ait très-souvent réclamé ! Le malheureux sait bien encore qu'un colporteur à qui il nous avait demandé de confier 12 exemplaires de la première édition du *Voyage en Icarie* les a vendus sans nous payer le prix touché par lui ! Le malheureux, qui nous accuse de cupidité, sait bien qu'il tremblait que nous lui fissions payer ces 12 exemplaires, et qu'il parut bien reconnaissant quand nous lui répondîmes que nous voulions supporter seul ce malheur !

Du reste, on serait bien étonné si l'on savait toutes les *chances* qu'est obligé de courir, tous les *sacrifices* qu'est obligé de faire, toutes les *pertes* qu'est obligé de supporter un journal de propagande populaire et communiste au milieu de toutes les difficultés que multiplient la misère, la concurrence, les divisions et les manœuvres de ses ennemis! On serait bien étonné si nous nommions les abonnés, les souscripteurs, les acheteurs, les colporteurs, les libraires, les correspondants, qui, sans leur faute ou par leur faute, doivent au *Populaire* des sommes plus ou moins considérables!

Il affirme que le journal ne sera jamais *hebdomadaire!...* — Mais qu'en sait-il le malheureux? Qui le lui a dit? Connaît-il quelque mystère que nous ignorons? « S'il ne peut pas devenir hebdomadaire, lui répondit-on judicieusement dans un atelier, c'est vous qui en êtes en partie la cause par vos criailleries et vos clabauderies. » Et ce reproche flattait sa stupide vanité en lui supposant quelque influence, comme si les plus sales reptiles et les plus petites bêtes venimeuses n'avaient pas la puissance de faire du mal avant qu'on les écrase!

Il nous accuse de n'avoir pas encore trouvé le *cautionnement!...* — Mais, le malheureux, pourquoi ne nous le donne-t-il pas lui-même? Pourquoi les Communistes réunis ne nous ont-ils pas encore remis 15,000 fr.? Ne sait-on pas qu'avec notre vie d'abnégation et de dévoûment, de persécution et d'exil, nous ne pouvons pas être riche, malgré nos nombreux travaux pour le Peuple? Ne sait-on pas que ce sont les divisions, les calomnies, les manœuvres des ennemis du Peuple qui nous ont entravé? Ne sait-on pas que, dans notre sincère opposition aux sociétés secrètes, nous avons suspendu les souscriptions quand nous avons soupçonné que leurs partisans voulaient prendre nos coupons pour une couverture; car rien au monde ne sera capable de nous faire sortir de notre *Ligne droite?* Quant à lui, il lui sied bien de nous accuser de ne pas avoir le cautionnement, lui qui calomnie pour embarrasser, comme la boue qui se place devant une roue pour ralentir sa marche!

Il nous accuse d'avoir adopté le mot *Icarien!...* — Mais le malheureux, qu'aveugle la vanité jusqu'à se donner pour auteur d'un plan qui n'est pas le sien, était présent à la longue discussion dans laquelle ce mot salutaire et sauveur a été adopté, et il l'a formellement approuvé comme une nécessité; trente ou quarante personnes l'ont entendu, et il ose accuser! Qu'il s'accuse donc d'abord lui-même, et qu'il accuse la masse des Communistes qui partout ont approuvé! En vérité, n'est-ce pas de la démence?

Il crie partout que nous sommes un *despote*, un *dictateur!...* — Mais, le malheureux, il ne disait pas cela avant son misérable plan, quand on l'appelait notre *chien couchant!* Nous ne sommes pas despote ou dictateur, et nous ne voulons pas l'être; nous voulons consulter et nous consultons nos amis, ceux que nous jugeons capables et dignes; nous provoquons leur entière indépendance; nous aimons à suivre leur avis quand il nous paraît bon, et nous avons l'avantage d'être presque toujours d'accord (ce qui peut faire enrager nos ennemis); mais nous sommes et nous voulons être *directeur*; sans cela nous n'aurions pas consenti à rétablir *le Populaire* quand on nous en a prié pour *unir* et *éclairer* (voy. pag. 7); puis tous les souscripteurs ont accepté *l'acte de société* et ont consenti à nous confier la *direction*.

Il prétend que tous ceux qui nous entourent sont des séides ou des esclaves!... — Et pourquoi? Parce que ce sont des hommes intelligents, judicieux, instruits, sages, dévoués, qui nous approuvent quand nous disons que 2 et 2 font 4! Mais, le malheureux, il ne brillerait pas à côté d'eux! Et il lui sied bien de japper ainsi de loin, lui qu'on appelait notre *chien couchant!*

Il dit que nous ne voulons pas suivre les conseils des hommes d'intelligence, et que nous sommes un *entêté!*.. — Le malheureux! c'est lui qui est l'homme d'intelligence depuis son fameux plan; et quand nous n'admirons pas son génie et sa moralité, c'est nous qui sommes un *entêté!* Est-ce assez risible ou pitoyable?

Il dit que tous les hommes capables se séparent de nous, que nous ne sommes plus entouré que d'imbéciles, et que nous sommes seul!.. — Ainsi, c'est ce malheureux et une douzaine de ses associés qui sont les hommes capables!.. Tous nos abonnés, tous nos souscripteurs, tous les signataires d'adresses, sont des imbéciles, et nous sommes seul avec tant d'honorables sympathies! N'est-ce pas de la démence?

Maintenant, apprécions la conduite de cet homme. Pourquoi se donne-t-il tant de mouvement et emploie-t-il tant de calomnies contre *le Populaire*, contre nous, contre le vœu de tant d'abonnés, de tant de souscripteurs, de tant de Communistes? Est-ce dans l'intérêt du Peuple qu'il agit? N'est-ce pas, au contraire, agir en ennemi?

Nous ne disons pas qu'il est un agent de quelque organisation cachée; mais s'il était en effet un agent des Jésuites, ou des Carlistes, ou du Pouvoir, que pourrait-il faire de mieux?

Nous avons grandement intérêt à connaître la vérité pour neutraliser ses calomnies.

Or, puisqu'il se mêle de politique, il est comptable et responsable de ses actes devant l'opinion publique; puisqu'il nous calomnie et qu'il attaque tout le monde, nous avons le droit d'examiner sa vie.

Nous avons vu que la misère l'avait forcé de venir de Paris à Londres, et que la misère l'avait ramené de Londres à Paris. Cette misère n'est assurément pas un reproche à lui faire, si elle n'est pas le résultat de son inconduite : mais dès qu'on voit quelque immoralité, sa misère peut indiquer la confiance qu'il mérite.

Nous avons vu aussi sa condamnation pour outrage public à la pudeur.

Il fut arrêté pour cause politique en 1841, sans qu'on sût bien précisément pourquoi : mais il fut relâché sans jugement quelques jours après.

Sa misère était telle que, pendant sa captivité, sa femme se trouva réduite à réclamer des secours au comité d'une société philanthropique.

Cependant, peu après sa sortie, il prit un logement plus propre et acheta un mobilier, ce qui étonna beaucoup de monde.

Peu après, Bri..., désirant, mais ne pouvant faire imprimer son *plan*, ce fut X... Y... Z... qui s'en rendit l'éditeur, qui joua le rôle de capitaliste ou bailleur de fonds, et qui déboursa quelques centaines de francs.

Et s'il est vrai qu'il ait offert à une jeune ouvrière de la mettre en chambre, on peut s'étonner davantage, d'autant plus qu'il n'est pas habile ouvrier et qu'il doit lui être difficile de faire fortune en travaillant, tellement qu'il s'est fait *logeur d'ouvriers* pour gagner un peu plus.

Assurément, tout cela ne prouve pas qu'il soit l'agent d'un Parti : mais il y en a assez, avec ses hostilités anti-populaires et ses inexplicables calomnies, pour qu'on puisse n'avoir aucune confiance en lui.

Du reste, écoutez un de ses derniers propos : « M. *Fournier de Virginie* lui a clos le bec (disait-il en parlant de nous) ! Il n'a rien répondu à M. *Fournier de Virginie* ! » Ainsi le voilà, lui matérialiste, qui fait cause commune avec un Jésuite défenseur des Prêtres catholiques, contre nous démocrate et Communiste qui nous sommes attiré la colère du Jésuite en disant que les Prêtres catholiques ne croient ni au paradis ni à l'enfer ! Le voilà, le malheureux ! qui se réjouit de ce que le Jésuite nous a fait une réponse (peut-être envoyée de Paris) tellement ordurière et ignoble que nous ne pouvons plus nous rabaisser à la réplique ! Est-ce que par hasard il y aurait quelque intelligence entre eux ! Est-ce qu'il trahirait ainsi, par une indiscrétion, le mystère que nous cherchons à dévoiler ?

Mais, nous dira-t-on peut-être, puisque vous paraissez croire aujourd'hui qu'il était coupable à Londres, comment avez-vous pu l'accueillir à Paris ? — Parce qu'à Londres nous doutions encore ; il n'était pas impossible qu'il y eût quelque erreur, quelque méprise... Ses protestations d'innocence, de reconnaissance, de dévoûment, nous ont trompé, comme Judas (s'il est permis de comparer les petits aux grands) a trompé Jésus-Christ. Sa condamnation étant inconnue, sa conduite nous paraissant régulière, sa femme prenant sa défense, nous crûmes pouvoir l'admettre sans inconvénient, parce qu'il ne s'agissait que de répandre des écrits ; parce que nous pensions que s'il pouvait nuire, ce n'était qu'à nous personnellement ; parce que nous consultons ordinairement l'indulgence, la bienveillance et l'humanité. En recevant tant de monde, nous savons bien que nous nous exposons à recevoir des indignes et des infâmes, des ennemis et des mouchards... Il n'y a que ceux qui ne reçoivent personne qui ne s'exposent à rien, et nous serons peut-être forcé de prendre ce parti. Mais jusqu'à présent nous avons préféré nous exposer, afin de rendre plus de services et de mieux faciliter la propagande. Nous ne faisons pas ce que nous voudrions, mais ce que nous pouvons, en parlant d'ailleurs et en agissant toujours comme si notre maison était de verre et visible pour tous.

Mais quand, après sa rupture à cause du refus d'approuver son plan, nous avons vu sa vanité, sa méchanceté, son ingratitude, ses odieuses calomnies; quand nous avons appris sa vie, son indécence dans la caserne, son immoralité, ses propos obscènes, sa proposition de mettre en chambre une jeune ouvrière dont il voulait faire sa maîtresse, alors nous n'avons plus conservé aucun doute sur sa culpabilité à Londres.

Encore un mot sur ce malheureux. Un jour, comme il nous accusait devant *Charles* d'être un voleur, celui-ci lui dit : « Prouve, ou je penserai que tu es un *mouchard*, parce qu'il n'y a qu'un mouchard qui peut tenir un pareil propos pour jeter parmi nous la division et le trouble. »—Pendant un an, le calomniateur a gardé le silence sur l'accusation d'être un mouchard : mais tout récemment, il vient de choisir *sept* de ses amis, MM. *Morin, Legré, Wolf,* probablement *Legrand* et trois autres, pour juger, conjointement avec *sept* amis de *Charles,* l'accusation d'être mouchard. Prévenu par M. *Morin, Charles* a répondu qu'il acceptait l'arbitrage, mais qu'il voulait une réunion plus nombreuse (25 de chaque côté), pour qu'elle pût avoir plus d'impartialité et plus d'influence sur l'opinion publique.—Alors, MM. *Morin, Legré et Wolf* se sont constitués en *commission* et ont écrit à *Charles* qu'ils refusaient la réunion nombreuse; que les sept amis de l'accusé se réuniraient le 1er décembre chez M. *Morin,* et qu'ils rendraient leur *jugement* tout seuls, s'il ne se présentait pas lui-même avec sept de ses amis. — *Charles* leur a répondu qu'il acceptait toujours une réunion; mais qu'il voulait toujours une *grande* réunion; qu'ils n'avaient aucun droit de se constituer ainsi en *commission* et en *tribunal* pour rendre un *jugement*; qu'il protestait contre tout ce qu'ils se permettraient de faire seuls; que, s'ils prononçaient un prétendu jugement, il demandait que sa lettre y fût insérée; et qu'il convoquerait lui-même une grande assemblée pour faire juger X... Y... Z..., ses sept amis métamorphosés en prétendus juges, et leur prétendu jugement.

Il est évident que les sept amis de l'accusé X... Y... Z... seraient arrivés avec le parti pris de dire *Non,* tandis que les sept amis choisis par l'accusateur *Charles* seraient arrivés avec le parti pris de dire *Oui.* Il n'y a qu'une Assemblée nombreuse qui pourra prononcer une opinion impartiale.

X... Y... Z... dira probablement que son accusateur a refusé la discussion : mais ce ne sera qu'un nouveau mensonge.

Quoi qu'il en soit d'X... Y... Z..., voyons un peu sa bande de sept ou huit qui ne craignent pas de se dire ses *amis,* et qui font cause commune avec lui. Commençons par M. *Morin.*

M. MORIN.

M. Morin est, nous le croyons, un honnête père de famille ; mais la présomption et la vanité l'aveuglent. Pourquoi faut-il que ses hostilités et ses calomnies nous mettent dans la triste nécessité de lui répondre ?

Nous ne le connaissions pas lorsqu'il vint avec Pierrot, en 1840, réclamer nos conseils et notre intérêt en faveur d'un prisonnier. — Depuis, il nous montra beaucoup de sympathie et beaucoup de zèle. Il prit trois coupons du *Populaire*, et envoyait souvent sa femme et sa fille pour prendre nos brochures. Partant pour Honfleur, il vint nous demander un exemplaire du *Voyage en Icarie* et la collection de nos écrits, ensemble pour 12 francs, qu'il se faisait une fête de remettre à des amis fortunés qui s'en serviraient pour faire de la propagande. C'était l'un des plus zélés pour *le Populaire*, pour nos ouvrages et pour nous.

Mais à la mort de Pierrot, il nous apporta un *discours* prononcé sur sa tombe par un écrivain, et une longue *notice* rédigée par lui-même sur la vie du défunt.

Nous ne pûmes insérer ni le discours, ni la notice : 1° Parce que nous n'avions pas de place ; 2° parce que nous serions inondé de discours et de notices de ce genre, si nous voulions les insérer ; 3° parce que nous, directeur responsable, nous les jugeons inutiles ou moins utiles qu'autre chose. Nous nous bornâmes aux quelques lignes suivantes :

« Les Communistes ont perdu récemment deux frères , *Pierrot*, tailleur, et Volz, cartonnier, bien dignes de leurs regrets par leur dévoûment fraternel, leur honnêteté, leur moralité et leur instruction. Tous deux sont des exemples frappants du déplorable sort de l'ouvrier ; tous deux ont péri par suite d'excès de travail, de mauvaise nourriture et de privations. — Plus de deux cents amis ont accompagné les restes de chacun d'eux, dans un ordre et un silence qui répondaient à leurs sentiments douloureux. »

Et remarquez que ces deux Communistes étaient de ceux que nous estimions et que nous aimions le plus ; et si nous n'avons pas dit davantage, c'est que la chose nous avait été impossible.

Eh bien ! vous aurez probablement peine à le croire, M. Morin, qui s'était permis de corriger le discours, s'est irrité de ce que nous n'avions pu l'insérer, et parce que nous n'avons pas publié sa notice (qu'il regardait comme un chef-d'œuvre, et qui l'aurait couvert de confusion), il nous a déclaré une guerre à mort.

Il n'y a pas d'injures, pas d'outrages, pas de calomnies, qu'il ne se permette ; il s'allie à tous les ennemis du *Populaire* et de nous, même avec ceux dont il reconnaît l'immoralité ; il devient le centre et le foyer de toutes les hostilités. — Nous ne pouvons tolérer un pareil excès !

Il nous accuse d'avoir délaissé Pierrot après avoir reçu de lui quatre coupons. — Eh bien ! écoutez : Pierrot, qui, dans son zèle, avait souscrit pour quatre coupons, ne les a pas payés parce que nous n'avons pas voulu le gêner. Quoique nous n'ayons presque plus le temps de sortir jamais, nous sommes allé passer une soirée chez Pierrot, qui désirait nous voir avant de mourir ; et M. Morin le sait bien, puisque c'est lui qui nous accompagnait ! — Nous avons fait faire trois loteries pour Pierrot, et dans chacune, nous avons pris une grande partie des billets. Et quand Alexandre vint un jour nous exposer sa gêne, nous lui remîmes, pour Pierrot, les 5 francs que nous avions sur nous, comme nous remîmes dernièrement 22 francs pour les funérailles d'un autre communiste, comme nous avons cent fois fait des dons au-dessus de nos moyens. Ah ! c'est indigne, monsieur Morin, Pierrot vous maudirait ! Et si nous ne nous faisions pas un devoir d'être toujours humain, vous nous dégoûteriez de l'humanité !

Enfin, la vanité dénature ce M. Morin, qui se croit philosophe et esprit-fort, jusqu'à le porter à refuser le paiement des 12 francs qu'il doit pour brochures, les imputant de son autorité privée et malgré nous sur les 30 francs versés par lui pour 3 coupons, comme si les brochures avaient quelque chose de commun avec les coupons; comme s'il pouvait réclamer ses coupons; comme si, quand il a demandé les brochures, il n'avait pas pris l'engagement de les payer indépendamment des coupons; comme si ce refus de paiement était une chose honnête et loyale !

Oh ! que la vanité est diabolique ! et que notre tâche est rude !

WOLFF ET LEGRÉ.

Nous ne parlons pas de Wolff qui représenta long-temps à Paris les Communistes de Rouen, qui nous apporta une lettre du 17 mars 1841, signée par 17, contenant une protestation d'estime et d'amour pour notre infatigable dévoûment, qui, probablement, était de ceux qui voulaient faire frapper une *médaille* en notre honneur; qui leur envoya un grand nombre d'exemplaires du *Voyage en Icarie*, comme l'ouvrage le plus capable de faire aimer et de propager la Communauté; qui nous considérait comme le *drapeau* du Communisme; et qui, maintenant, entraîné par X...Y...Z..., prétend que notre *Voyage en Icarie* nous a PERDU, que *tout ce qu'il y a de Communistes intelligents* s'est éloigné de nous, et que nous restons abandonné.

Nous ne parlons pas non plus de *Legré*, qui signa la déclaration contre les Sociétés secrètes; qui approuvait nos écrits et notre marche; qui venait souvent au bureau apporter des abonnements; et qui, tout d'un coup, entraîné par X...Y...Z..., s'insurgea contre notre marche pacifique, et se déclara l'un de nos plus violents ennemis.

Nous ne parlons pas de ces deux hommes, parce que tous deux sont des ignorants sans influence.

LEGRAND.

M. *Legrand*, lié par quelque démon avec X...Y...Z..., fait une guerre acharnée à nous et au *Populaire* ; il fait tous ses efforts pour empêcher la souscription ; il se permet d'insinuer que nous pourrions bien être un voleur, en disant qu'il ne nous confierait pas 5 fr., et d'insinuer que nous pourrions bien être d'accord avec la Police, en disant qu'elle ne permet qu'à nous de parler hardiment et de faire des réunions chez nous.

Il ne nous confierait pas 5 fr. ! Bien ! libre à lui ! Mais nous serons libre aussi de repousser cette calomnie comme une sottise et une impertinence ; nous serons libre de dire aussi que nous n'avons pas la moindre confiance en lui sous aucun rapport, et nous dirons bientôt pourquoi.

Il s'étonne que nous parlions si hardiment ! Mais son étonnement prouve seulement son ignorance ; il ne sait pas, lui, cabaretier et logeur, qui se croit cependant beaucoup de talent, qu'on peut presque tout dire quand on est prudent et qu'on sait comment s'y prendre.

Il s'étonne que nous puissions avoir quelquefois des réunions nombreuses ! — Mais c'est encore une preuve de son ignorance ; il ne sait pas qu'on peut réunir ses amis chez soi sans aucun danger, quand on est sincèrement adversaire des sociétés secrètes, comme le font les chefs Réformistes, les Phalanstériens et beaucoup d'autres.

Mais, prenez garde à vous, vous tous qui avez chez vous des réunions nombreuses ou qui avez l'habileté d'écrire avec énergie sans donner prise à des poursuites ; le gros génie *Legrand* vous suspectera ! Si vous êtes modérés, il dira que vous ménagez la Police ; si vous êtes chauds, et néanmoins assez adroits pour n'être pas poursuivis, il dira que vous êtes ménagés par la Police ! Vous aurez beau faire, il trouvera toujours moyen de dire que vous êtes d'accord avec la Police !

Ainsi M. *Legrand* nous signale comme pouvant être un voleur et un homme de Police ; il nous calomnie !

Nous n'y ferions pas la moindre attention s'il ne s'agissait que de nous personnellement.

Mais c'est au *Populaire*, à ses actionnaires, au Communisme, au Peuple, qu'il nuit par ses calomnies, et par conséquent il faut lui répondre, s'il peut être nuisible.

Or, quoique sans talent et sans mérite, il fait du mal ; parce que sa profession de *cabaretier* et de *logeur* à l'entrée d'un des principaux faubourgs le met en rapport avec une masse d'ouvriers, parce que son âge mûr, son ton mielleux, son air bonhomme, son apparence d'être plus instruit et plus expérimenté, sa participation à beaucoup de Comités, ses relations avec beaucoup d'hommes politiques, dont il peut citer souvent les noms, lui donnent de l'influence sur cette masse. Toutes les fois qu'il y a eu des délégués de quartier, il s'est fait nommer par quelques hommes délégué du sien, et c'est ainsi qu'il s'est trouvé dans le Comité de la *Réforme électorale*, dans le Comité de *Secours pour les détenus politiques*. Il était aussi dans le Comité de *l'Humanitaire*. Il est partout, avec les Réformistes, avec les Communistes, avec les Ultra-Communistes ; il prend des ACTIONS partout, pour entrer le plus avant qu'il sera possible dans la direction et l'administration. Il a donc la facilité de faire beaucoup de mal.

Mais puisqu'il se mêle si activement de politique, il est essentiellement *comptable* et *responsable* devant l'opinion publique ; puisqu'il calomnie, on peut lui répondre ; puisqu'il suspecte, on peut le suspecter.

Eh bien ! quelque répugnant que soit pour nous ce débat, sacrifiant notre répugnance à l'intérêt général, nous dirons : comparez la vie de cet homme avec la nôtre, son instruction avec la nôtre, sa capacité avec la nôtre, ses services avec les nôtres, son utilité avec la nôtre. — S'il est réellement démocrate, populaire, Réformiste, Communiste, est-ce que nous ne le sommes pas ? — Est-ce que l'intérêt de la Démocratie, de la Réforme politique et sociale, du Communisme, du Peuple, exige ou souffre qu'il nous calomnie ? — Est-ce que, en nous calomniant, il ne se montre pas l'ennemi réel de la Démocratie, de la Réforme, du Communisme, du Peuple ?

Par exemple, nous annonçons depuis long-temps que, quand *le Populaire* sera *hebdomadaire*, nous organiserons un CONSEIL JUDICIAIRE qui guidera et défendra les Ouvriers dans tous leurs procès, et qui leur épargnera plus d'*un million* chaque année : est-ce que c'est ce malheureux *Legrand* qui a eu cette pensée et qui sera capable de l'organiser ? Est-ce que, en cherchant à tuer *le Populaire* par ses calomnies, il n'agit pas comme le plus inhumain des ennemis des Ouvriers ?

Oui, travailleurs, dont beaucoup viennent chaque jour nous exposer leurs misères et demander nos conseils, réfléchissez-y bien ! si jamais les calomnies peuvent nous trop entraver et nous dégoûter, vous irez demander des conseils aux *Legrand* !

Actionnaire du *Populaire*, cet homme voulut s'insinuer dans la direction. Ne pouvant y parvenir, il nous demanda le remboursement de ses deux actions pour son frère et pour lui. Nous lui répondîmes que nous y consentirions, mais que nous ne pouvions le faire que du consentement de l'assemblée générale des actionnaires, qui serait incessamment convoquée. Sans attendre, il nous appela devant le *Juge de paix* le jour où nous étions obligé d'aller à Sainte-Pélagie pour nous entendre avec un capitaine de la garde nationale que nous devions défendre en police correctionnelle. N'était-ce pas là une indignité, une insolence ? Cependant il renonça à sa poursuite ; et, quand l'assemblée générale fut réunie, nous lui proposâmes de nous autoriser à lui rendre ses actions, pour exclure un homme qui apportait le trouble au milieu de nous. L'autorisation fut donnée, et nous lui remboursâmes sans aucun retard ses 200 fr.

Depuis, il n'est sorte de calomnies et de moyens qu'il n'emploie contre *le Populaire* et contre nous. Dès qu'il paraît un nouveau journal ou un nouvel écrit, il les prône et les propage, non par amour pour eux, mais par hostilité contre *le Populaire* et contre nous. Après avoir été l'un des fondateurs de *l'Humanitaire*, il vient, lui matérialiste déclaré, avec X...Y...Z..., toujours pour nuire au *Populaire*, de solliciter MM. Dérains, Pecqueur, qui professent le déisme, puis MM. *Proudhon* et *Villegardelle*, de faire un autre journal. Ces messieurs ayant refusé, en manifestant leur amitié pour nous et leur sympathie pour *le Populaire*, on dit qu'il va essayer quelques numéros avec Bri.., et qu'X...Y...Z... court partout demander à cet effet des actions de 2 fr. — De sa prison de Tours, *Hubert* nous écrit que Bri... lui fait donner l'assurance que loin de vouloir *faire concurrence au Populaire*, son intention est de faire *comme lui* et *avec lui* de la propagande Communiste. » Ce n'est peut-être pas l'intention de M. Bri.. de faire *concurrence au Populaire*, mais certainement c'est celle de ses bailleurs de fonds *Legrand*, X...Y...Z..., etc.

Ainsi, les ennemis les plus acharnés du *Populaire* sont des ouvriers! et cela au moment où le désir de l'union et de la concentration se manifeste le plus, quand les premiers écrivains et les plus dévoués au Peuple prennent des *actions* au *Populaire*.

S'il nous était prouvé que ce monsieur fût l'agent d'un Parti ennemi, nous le dirions.

Nous ne le dirons pas parce que nous n'en avons pas la preuve; mais puisqu'il nous calomnie et nous suspecte, nous dirons que s'il était un agent il ne pourrait rien faire de mieux que ce qu'il fait; nous dirons que nous n'avons aucune confiance en lui.

En règle générale, nous suspectons la qualité de *cabaretier* et de *logeur* qui met en contact journalier avec la Police, qui place sous sa dépendance, qui expose à mille vexations ou persécutions si on lui déplaisait; nous ne concevons pas comment, dans cette situation, on pourrait se montrer hostile au Pouvoir, et comment on aurait l'imprudence d'entrer dans toutes les oppositions; comment la police, qui sait tout et qui connaît infailliblement toutes les démarches, pourrait laisser son ennemi tranquille!

En règle générale encore, nous suspectons tout homme qui fréquente tous les Partis et qui s'insinue partout comme s'il voulait tout savoir.

Le cabaretier et logeur dont nous parlons fait-il exception? Quand, par exemple, il semble braver la Police en annonçant partout qu'il fait signer, dans son cabaret rempli d'ouvriers, patriotes ardents, la pétition pour l'enquête qui déplaît vivement au Pouvoir, est-ce de sa part un acte de courage et d'indépendance?

Alors, c'est un héros de vertus patriotiques et de dévoûment!

Mais un héros de patriotisme et de dévoûment aurait-il fondé *l'Humanitaire*, et nous calomnierait-il, nous, dans notre position?

AUTRE CABARETIER LOGEUR.

« Laisse-moi donc, dit un Ouvrier non Communiste à un Ouvrier

Communiste, pendant que vous vous saignez, que vous mangez du pain et que vous buvez de l'eau, afin de pouvoir prendre des coupons au *Populaire*, ton Cabet se goberge, vit dans le luxe, et *achète des maisons* avec votre argent. — Mais tout cela est une pure invention... Qui te l'a dit? — Je ne veux pas te le dire... — Mais on ne peut pas calomnier ainsi; il faut des preuves : autrement tout le monde pourrait être calomnié... Dis-moi qui te l'a dit! — Eh bien, c'est mon *logeur!* »

Et ne serait-ce pas la Police qui l'aurait dit à ce cabaretier logeur?

LOGRE. — AGNEL.

C'est un ignorant, un sot, qui voulait nous donner des leçons, blâmer notre marche, et nous faire un crime de notre plan de *petite Communauté de dévoués* que tant d'autres ne voyaient qu'avec enthousiasme.

C'est une bête brute, une espèce d'animal en même temps timide et féroce, qui traite les *Icariens* de *fillettes*, ou de Communistes à la *fleur d'orange ;* qui ne parle que de tuer et même de boire du sang; qui répète souvent : « On ne lui donnera donc pas un coup de fusil, à ce mâtin de Cabet! »

C'est un fou qui veut prendre les Tuileries tantôt avec 200 hommes, tantôt avec 30.

C'est en même temps un lâche; car, visité dans son domicile à cause de ses propos révolutionnaires jusque dans les cabarets, il souffre, sans oser ouvrir la bouche, que les agents de Police montent sur son lit avec leurs bottes; il faut que ce soit sa femme qui ait pour lui du courage, et qui s'oppose aux abus de pouvoir; quand les mêmes agents veulent ouvrir un placard pour le fouiller, il pousse la complaisance jusqu'à leur dire : « Prenez garde, messieurs, voilà une bûche qui va vous tomber sur la tête! » Et quand ils se préparent à percer, pour les mettre en liasse, ses brochures Icariennes, il leur dit : « Vous me percez mes livres; vous n'en avez pas le droit : mais voyez, je vous les laisse percer; je n'y tiens pas; je suis bon enfant! » Et cependant, il fera ensuite beaucoup de démarches pour en obtenir la restitution!

Arrêté, mis entre les mains de la Police, on lui rend bientôt la liberté sans jugement.

C'est un ouvrier malhabile, qui gagne peu quand il travaille, et qui perd presque tout son temps en courant partout pour calomnier le *Voyage en Icarie*, le *Populaire* et son Directeur. Et les ouvriers laborieux, assidus au travail, toujours occupés, habiles dans leur état, et qui, malgré tous ces avantages, savent combien le travailleur a de peine à vivre aujourd'hui, se demandent avec inquiétude : « Mais comment Logre peut-il vivre? » Tandis que d'autres disent : « Mais comment un homme qui a été arrêté pour ses propos violents peut-il continuer à être si violent? »

Quand nous avons appris ses propos violents, nous lui avons fait des observations ; il a prétendu que sa marche énergique valait mieux que notre douceur et notre prudence, qu'il en savait plus que nous sur ce qui convenait au Peuple, et qu'il le sauverait plutôt que nous. — « Mais pourquoi donc avez-vous si long-temps adopté et propagé nos principes pacifiques ? — Parce que j'étais alors dans l'erreur, égaré par vous ; mais maintenant je vois la vérité. Je veux d'ailleurs la fraternité ; et les Icariens qui vous ont parlé de mes propos ne sont pas fraternels envers moi ! — Vous nous compromettez tous par vos principes et votre langage ; et vous ferez bien de ne plus revenir au bureau. »

En admettant même sa bonne foi, un homme de ce genre fait plus de mal au Communisme et au Peuple que leurs ennemis déclarés ; et s'il y avait des assemblées populaires, il faudrait l'exclure publiquement et le signaler à tous comme une peste.

Mais depuis ce temps, il a juré haine au *Populaire* comme à nous et aux Icariens.

Et voilà l'une des colonnes des sociétés secrètes.

Agnel, jeune ouvrier de 16 ans, tout en se disant Icarien, tenait aussi les propos les plus violents, inspirés par les sociétés secrètes. Entraîné par un grand gaillard que nous connaissons bien, il consentit à faire partie de 12 braves qui, dans un grand convoi funèbre où se trouvaient six pièces de canon escortées de leurs artilleurs, tenant la mèche allumée, avaient résolu d'enlever les pièces et de faire la révolution. Au lieu de 12, les braves se trouvèrent 3, le petit Agnel, le grand gaillard et un autre. Mais le petit Agnel chanta *la Marseillaise* autour de la colonne, au risque de se faire arrêter, quoiqu'il eût sur lui des pistolets et un poignard ! S'il eût été pris en chantant, on aurait trouvé ses armes, on aurait fait à l'instant chez lui une visite domiciliaire, on aurait trouvé ses brochures Icariennes, et il aurait ainsi compromis tous les Communistes Icariens. Si l'on avait trouvé quelques grains de poudre et quelques lettres, ou quelques papiers avec des noms, on aurait fabriqué un complot, opéré des visites domiciliaires et des arrestations. Et si ce jour-là il y avait eu quelques désordres, quelques violences, un coup de poignard ou de pistolet, on pouvait fabriquer une grande conspiration et une émeute qui pouvaient compromettre le Peuple entier. Et voilà comme ces prétendus révolutionnaires sont précisément ceux qui empêchent le Peuple de se délivrer quand la révolution devient nécessaire !

Instruit de ces détails qui couraient les rues (tant les sociétés secrètes sont réellement *secrètes*), nous appelâmes le jeune Agnel et lui fîmes des observations, en ajoutant qu'il nous compromettait personnellement comme tout le monde et que nous avions le droit de lui en faire des reproches. Il répondit intrépidement que chacun avait son opinion ; qu'un jeune homme de 16 ans et un ouvrier pouvaient avoir de bonnes idées tout aussi bien qu'un homme plus âgé, écrivain ou Député, et qu'il croyait savoir aussi bien que nous comment on pouvait sauver la France et l'Humanité.

Voilà l'anarchie des esprits ! Voilà les doctrines des Sociétés secrètes !

Nous l'engageâmes à ne plus prendre le titre d'Icarien, et lui déclarâmes que, quand même il nous apporterait 50,000 francs pour le cautionnement du *Populaire*, nous ne voudrions pas l'accepter pour actionnaire.

Du moins celui-ci était honnête et seulement égaré par sa jeunesse et son ardeur ; et quoique vivement froissé, il ne fait pas la guerre au *Populaire*. C'est un ouvrier tempérant et laborieux !

LE PIÉMONTAIS.

C'est encore un malheureux, coupable, envers nous, de la plus noire ingratitude, et dont la présomption et l'audace sont incroyables.

Il était dans la plus profonde misère, lorsque deux personnes qui nous inspiraient confiance vinrent, en 1841, nous implorer pour lui, le représentant comme un patriote que son patriotisme avait fait proscrire dans son pays, qui avait été forcé de se placer comme laquais chez un noble, et que son dévoûment avait porté, en 1830, à dénoncer son maître à la police comme tenant dans son hôtel et dans d'autres hôtels des conciliabules contre-révolutionnaires. Nous ne voulûmes pas signer une souscription en sa faveur : mais ses deux protecteurs nous garantissant qu'il méritait notre confiance et notre intérêt, nous lui confiâmes des écrits pour les vendre, à condition qu'il en paierait le prix après la vente, et qu'il aurait pour lui un bénéfice raisonnable. Souvent il gagnait 2 fr., 3 fr. et plus par jour. Sur sa prière et par humanité, on n'exigea pas le paiement exact, et on lui fit des avances jusqu'à 130 francs. Apprenant qu'on l'accusait de fainéantise, qu'on lui avait procuré plusieurs emplois qui pouvaient le faire vivre et qu'il les avait refusés, parce qu'il aurait fallu travailler avec des ouvriers, nous nous plaignîmes qu'il eût laissé accumuler une dette de 130 francs. « Et avec quoi vivrais-je donc, nous répondit-il insolemment ? » Comme si nous devions et si nous pouvions nourrir tout le monde ! Nous lui déclarâmes qu'on ne lui confierait plus rien à l'avenir qu'à la condition de payer immédiatement après la vente et de laisser la moitié de la remise pour acquitter l'arriéré ; mais il n'exécuta pas bien exactement cette convention, et il reste devoir à l'administration 116 francs.

Cependant, comme il s'était attaché à l'un des grands journaux légitimistes et religieux, et comme il ne montrait plus ni zèle, ni exactitude, ayant négligé une commission urgente, nous cessâmes de lui rien confier.

Depuis ce temps, il s'est joint à X...Y...Z... pour chanter la plus révoltante palinodie, pour nous attaquer, pour enlever au *Populaire* ses abonnés et ses actionnaires, en prodiguant les plus abominables calomnies, en courant les ateliers et les maisons pour les y répandre, en offrant d'autres journaux et d'autres écrits, en s'adressant aux femmes pour empêcher leurs maris de prendre des coupons.

Il dit que nous l'avons volé, lui, le malheureux, qui nous doit 116 f. pour ouvrages à lui confiés, lui qui a ainsi abusé de notre confiance !

Il dit que nous lui avons fait faire des courses sans les lui payer ou en les lui payant à vil prix, comme si nous avions intérêt à ne pas payer ce qui est nécessaire pour les besoins du journal, comme si nous n'avions pas l'habitude d'élever plutôt que de diminuer le salaire des ouvriers, comme si quelqu'un connaissait mieux que lui notre humanité !... Ah ! c'est infâme ! Et il y a des gens assez niais pour se laisser tromper par de pareilles infamies !... — La vérité est que le Bureau le payait à raison de 3 fr. pour une journée et de 1 fr. 50 cent. pour une demi-journée, et que, dans les derniers temps, on ne lui donnait en argent que moitié de son prix, en portant l'autre moitié à son crédit dans son compte en déduction de son arriéré ; et c'est ainsi que le débit de son compte se trouve réduit à 116 fr.

Il dit que nous avons délaissé un Communiste malade !.... — Mais c'est infâme ! Il sait bien que nous l'avons aidé tant que nous l'avons pu parce que nous avions beaucoup d'affection pour lui... Nous ne pouvons pas nourrir tous nos amis, comme si nous étions un Crésus !

Il dit qu'on est bien bête de prendre des coupons du *Populaire*, que tout est perdu, que le Directeur est un voleur, qu'il ne nous confierait pas un sou !... — Le misérable, l'infâme !... Et c'est un étranger, un réfugié, qui demandait du pain à tout le monde, qui vient outrager ainsi un patriote français, honoré de tant de sympathies !...

Il vend peut-être le sale pamphlet du Jésuite lyonnais contre nous ; car ce malheureux peut être l'agent de tous ceux qui voudront le payer, et doit être celui des Jésuites.

Il colporte l'ouvrage de Bri...., le vante comme un chef-d'œuvre, et dit que les Icariens vendent leur *Voyage en Icarie* pour acheter le chef-d'œuvre.

Et tantôt il dit que nous ne sommes qu'un *marchand de papier*, tantôt il prétend que nous gagnons 40, 50,000 fr. avec nos ouvrages !

Soyez donc charitable, humain !... Ouvrez donc votre cœur et votre porte aux malheureux !... Ah ! que ces misérables font de mal au Peuple !

S'il y avait des assemblées publiques... mais rien ! tout protège et facilite la calomnie dans les ténèbres !

L'ABBÉ.

Trompé par cet homme, un abbé-journaliste (qui sera peut-être à son tour trahi et calomnié par lui) disait un jour que *nous nous faisions écrire des adresses par les Communistes des Départements*, et que ceux qui nous entouraient et nous soutenaient, à Paris, *n'étaient que des êtres misérables !*

Qu'un ancien laquais étranger, ignorant, sot, effronté et méchant, tienne de pareils propos, nous le concevons ; mais un Prêtre, un abbé, un journaliste, un écrivain !

Nous nous *faisons écrire* des adresses !... — Mais qu'en savez-vous, monsieur l'abbé? Comment pouvez-vous en être assez sûr pour l'affirmer? N'est-ce pas une témérité, une calomnie que vous avez sur la conscience? Faites-vous connaître, et nous discuterons ensemble !

Quoi! vous ne voulez pas nous juger par notre doctrine, plutôt que par les secrètes délations d'un Judas! Est-ce que notre doctrine n'est pas morale, pure, évangélique, vraiment chrétienne? Est-ce que votre maître, Jésus-Christ, ne souffrait pas que les admirateurs de sa doctrine de fraternité et de communauté lui exprimassent leurs sympathies? Qui vous autorise à avoir de nous une opinion si injurieuse? Comment pouvez-vous supposer tant de servilité dans les Communistes de Lyon, de Toulouse, de Reims, de Périgueux, de Nantes, de Niort, de partout, quand vous devez savoir qu'il y a tant d'indépendance dans l'esprit des ouvriers! Quelle puissance, d'ailleurs, nous reconnaissez-vous donc!

Nous sommes entouré d'êtres misérables !.. — Mais comment les connaissez-vous? par votre infâme Piémontais?... Ah! monsieur l'abbé! que vous auriez de regret si vous les connaissiez vous-même! Et nous, qui les connaissons bien, nous vous déclarons qu'ils soutiendraient la lutte, en fait d'instruction réelle, avec tous les journalistes légitimistes et catholiques, et que leur vie soutiendrait la comparaison avec celle de tous les abbés du monde !...

Vous mériteriez que nous vous citassions, pour vous punir, quelques passages des milliers de lettres écrites par des hommes de toutes les classes, et quelques extraits des centaines de poésies, dans lesquelles on exprime, pour nos doctrines et pour nous, un enthousiasme, une bienveillance et un dévoûment que n'inspire aucun autre Parti. — Nous nous contenterons de citer l'opinion d'un homme que nous n'avons jamais vu, qui consume sa vie dans une prison, dont on ne peut suspecter *l'indépendance*, et qui ne peut avoir d'autre intérêt que celui de la vérité, d'autre prédilection que celle qui lui est inspirée par son amour du Peuple et de l'Humanité. Écoutez donc !

« Il est bien vrai que le plan d'organisation sociale, exposé dans votre *Voyage en Icarie*, est celui que je voudrais voir adopté et suivi en France et partout; mais la raison véritable qui me détermine à préférer votre plan à ceux proposés successivement par *Fourrier* et *Owen*, c'est que votre système détruit les *inconvénients* en même temps qu'il fait ressortir tous les *avantages* de la vie de Communauté, fondée sur la *conservation de la famille*; conservation nécessaire, selon moi, tandis que, dans le système de Fourrier et dans celui d'Owen, les inconvénients l'emportent sur les avantages en ce sens que le premier fait trop à l'homme la part de son individualité, et que le second ne la fait pas assez, c'est-à-dire que celui-là sacrifie encore l'espèce à l'individu, et que celui-ci sacrifie l'individu à l'espèce. En un mot, d'une part il y a trop d'individualisme, et d'autre part trop de confusion.

« A ce point de vue, votre travail ne laisse rien à désirer; il me paraît complet; il répond à toutes les objections qu'on pourrait faire aux Communistes concernant les questions d'organisation et de pratique.....

« *Grâce à vos* généreux efforts, le Communisme est assez répandu dans les masses pour se soutenir et se propager malgré la malveillance et la mauvaise foi. Il est vrai que jusqu'à ce jour, *seul exposé à tous les coups de nos adversaires*, vous n'avez pas eu assez de loisirs pour réfuter toutes leurs objections ; il est vrai aussi qu'il n'est donné *à aucune force humaine de faire plus que vous avez fait en si peu de temps.* Le Communisme n'est déjà plus un paradoxe, et ses défenseurs sont partout acceptés. »

15 novembre 1844. L... H...

Eh bien, monsieur l'abbé! voilà certainement un bel éloge, et nous vous avouerons même qu'il nous fait grand plaisir. Nous ne vous dirons pas qui nous adresse cette lettre; mais nous pouvons vous assurer que c'est un des hommes les plus indépendants qui existent sur la terre.

Mais décidément nous voulons vous punir; car c'est bien mal à un abbé de calomnier; et, pour votre punition, vous entendrez huit vers au sujet de notre condamnation, en 1834:

> O Cabet! gloire à toi! j'admire ton courage,
> Tes civiques vertus, ta foi, ta probité ;
> L'histoire transcrira sur l'immortelle page
>   L'arrêt que le Peuple a dicté.
>
> Honneur à l'homme libre, au citoyen austère,
> Au patriote pur, au défenseur des lois!
> Le Peuple l'applaudit... qu'il brave la colère
>   Et l'animosité des rois!

Et ces vers sont d'un homme qui les a faits et publiés pendant notre exil, d'un homme que nous n'avons jamais vu, d'un homme indépendant, de l'auteur de *Tysiphone* (dans sa 4e livraison).

Encore une fois, nous citons ces éloges sans aucun sentiment de vanité, uniquement pour montrer combien sont odieux tant d'outrages accumulés sur nous!

Nous pourrions en dire bien d'autres sur une vingtaine d'hommes à Paris, dont plusieurs ont été en position d'avoir de l'influence, et qui ont compromis la cause de la liberté; nous pourrions signaler des *colporteurs* de la maison de librairie A· B...., qui nous calomnient dans les ateliers pour vendre des ouvrages qui viennent faire concurrence à quelques-uns des nôtres; mais ce qui précède nous paraît suffire, et d'ailleurs il faut terminer ce récit déjà plus long que nous n'aurions voulu, et nous nous hâtons d'arriver à Lyon et à Toulouse.

QUELQUES ULTRA-COMMUNISTES A LYON.

Ce fut peut-être à Lyon que le *Voyage en Icarie* eut le plus de succès dès son apparition. Malgré la misère qui désolait les ouvriers lyonnais, ils en demandèrent un grand nombre; ils se cotisaient à huit ou dix pour en acquérir un exemplaire en commun. Ce fut de cette ville aussi qu'on exprima les vœux les plus ardents pour la publication du *Populaire.*

Nous n'aurions pas cédé à tous ces vœux si nous avions pu prévoir qu'un de nos collaborateurs nous trahirait, pour ainsi dire, en créant à notre insu, malgré ses engagements et ses protestations, un second journal Communiste qui ne pouvait manquer de faire *concurrence* et d'amener des *divisions*.

Mais la création d'un second journal Communiste, à Paris, commença la *division* dans la cité lyonnaise comme dans la capitale.

Les dissidents sont très-peu nombreux à Lyon ; une douzaine seulement, peut-être ; mais ils sont opiniâtres, actifs. Nous n'examinons pas leurs motifs ; mais il nous paraît certain que s'ils avaient consulté l'intérêt général, ils auraient cessé une *division* qui fait du mal sans leur laisser aucune chance de dominer la masse.

Mais cette douzaine de dissidents Lyonnais correspondent avec les dissidents Parisiens, et répandent à Lyon les mêmes calomnies qu'à Paris. Vous allez voir.

COUREUR. — COLLIN. — TORVIC.

En arrivant à Lyon, lors de notre dernier voyage en août 1844, nous apprenons que les dissidents disent : « *M. Cabet a commis des bassesses ; il a nié une dette de dix francs.* » Nous nous informons, et nous apprenons ce qui suit :

Coureur et *Collin*, tous deux Communistes, tous deux dissidents, tous deux colporteurs pour la maison de librairie A... B..., tous deux venant ensemble de Paris et se rendant ensemble à Aix, viennent de passer quelques jours à Lyon. — Sachez d'abord ce que sont ces deux personnages.

Coureur était ouvrier menuisier lorsqu'il fut arrêté comme impliqué dans une grave accusation de complot et d'attentat. Déchargé de l'accusation de complot, il fut renvoyé devant le tribunal correctionnel comme accusé de *société secrète.* Prié de le défendre, nous consentîmes à le faire, quoique nous refusassions ordinairement d'aller plaider devant le tribunal correctionnel ; mais, à la veille d'être jugé, il fut mis en liberté sans jugement, après plusieurs mois de détention et plusieurs jours de secret. Au sortir de prison, il vint nous exprimer sa reconnaissance. Quelques temps après, il attaquait constamment le *Populaire*, le *Voyage en Icarie*, nos écrits et nous ; et comme il ne manque ni d'intelligence, ni d'adresse, il faisait beaucoup de mal, à tel point qu'un de ses camarades indigné finit par lui demander s'il était payé pour semer la division parmi les ouvriers. On s'étonna même qu'il s'occupât si hardiment de politique et qu'il y perdît tant de temps lorsqu'une détention si longue lui commandait tant de prudence pour éloigner les rigueurs de la Police, et tant d'assiduité au travail pour réparer ses pertes.

Quant à *Collin*, il était ouvrier à Lyon. On y connaît bien son histoire. Elle est assez curieuse. Nous savons comment il fut élevé sous l'influence des Prêtres, comment il se maria, comment il quitta sa femme parce qu'elle ne lui paraissait pas assez religieuse, comment il tenta de s'asphyxier, comment il se retira dans un espèce de couvent de frères La Trappe, et comment il rentra dans la politique active, agissant et parlant comme un des plus ardents républicains. Il ne manque ni d'intelligence, ni d'instruction. Il est bien fâcheux que beaucoup de ces ouvriers ne soient pas entrés dans la voie du dévoûment et de la modestie pour servir la cause populaire! Enfin il quitta son métier pour se faire colporteur de la librairie A... B... Il est un de ceux qui, flattant les ouvriers, les poussent à tout lire sous prétexte qu'il doivent tout connaître pour tout juger, tandis que nous, nous sommes convaincu que, pour les ouvriers en général, c'est le moyen de perdre son argent et son temps; nous sommes convaincu que les Jésuites et le Pouvoir désirent également que le Peuple lise tout ou ne lise rien.

En arrivant à Lyon, les deux colporteurs ambulants font convoquer, chez un cabaretier connu pour un des principaux dissidents, quelques Communistes parmi lesquels s'en trouvent qui voudraient avant tout l'Union, mais qui sont curieux de voir des Communistes venant de Paris. En substance, voici une partie de la conversation :

« Eh bien! que fait à Paris *le Populaire ?* — *Le Populaire?* Mais est-ce qu'il existe encore?... Je ne m'occupe pas de lui!... Je m'occupe de sciences, de haute philosophie!...

— Et que dit-on des *Icariens ?* — Des *Icariens?* Mais est-ce qu'il y en a encore des Icariens?... Je croyais qu'il n'y en avait plus...

— Et que dit-on de D....? — Oh! c'est un être immoral qui dit : « Si l'on prêtait sur la conscience, il y a long-temps que la mienne serait au Mont-de-Piété!... »

— Et de M. Cabet?.... — M. Cabet?... Il a *nié une dette de dix francs...* »

Et les dissidents répétaient ensuite : « M. Cabet a commis des bassesses. »

Eh bien! voici le fait des dix francs niés : écoutez bien!

Un nommé *Torvic*, qui d'abord était un ardent propagateur du *Populaire* et de nos écrits, qui devint ensuite un ennemi furieux quand il nous vit combattre les *sociétés secrètes*, qui cependant avoua toujours que les Communistes nous devaient de la *reconnaissance* pour notre *Voyage en Icarie*, nous réclama le remboursement d'un coupon de dix francs qu'il avait pris et payé. Nous pouvions refuser, parce qu'on ne paie pas des actions et coupons pour les reprendre; mais nous consentîmes à en rembourser plusieurs, pour nous débarrasser de quelques brouillons. Nous demandâmes le consentement de l'Assemblée générale des actionnaires qui donna son autorisation. Mais ce Torvic eut l'inconvenance de nous envoyer un commissionnaire de la rue pour nous réclamer les dix francs, sans même nous renvoyer le *coupon provisoire* que nous lui avions remis. Nous répondîmes au commissionnaire qu'il fallait nous rapporter le *coupon provisoire*, et nous avions raison. Au lieu de le renvoyer, Torvic eut l'insolence de nous faire citer devant le juge de paix ; là, il prétendit pour la première fois qu'il avait perdu son coupon provisoire : s'il s'était bien conduit, nous aurions pu le croire et ne pas exiger la restitution du titre ; mais nous répondîmes, devant le juge de paix, que, d'après son impertinence envers nous, nous le jugions capable de tout, que nous ne voulions pas nous exposer à être obligé de payer deux fois, que d'ailleurs le juge de paix était *incompétent* pour statuer sur une affaire de cette nature, et que nous voulions donner une leçon à l'impertinent en proposant l'incompétence. Le juge de paix se déclara en effet incompétent et condamna le poursuivant aux frais.

Ce malheureux se laissa tellement aveugler par le dépit, qu'il annonça la résolution d'aller se poster dans un cabaret devant lequel nous passions, de nous y guetter et de nous attaquer dans la rue. Sur quoi, une laborieuse et honnête mère de famille, devant laquelle il parlait ainsi, lui déclara qu'elle nous ferait prévenir et qu'il était un lâche qui, au lieu de travailler pour gagner honnêtement sa vie, n'avait pas honte de s'avilir jusqu'à se faire entretenir par des femmes entretenues.

Voilà cependant à quoi l'on est exposé quand on se dévoue aux malheureux prolétaires ! Et, au lieu de blâmer Torvic, M. Coureur nous dénonce méchamment comme ayant nié une dette à ce brave garçon et commis une bassesse !... pour *dix francs* !... dans l'intérêt de la caisse des actionnaires !... La calomnie est-elle assez absurde, assez odieuse !...

Et cette calomnie sort d'un ouvrier !... d'un ouvrier qui ne s'occupe que de sciences et de haute philosophie !... d'un ouvrier que nous avions consenti à défendre devant un tribunal, et qui nous devait de la reconnaissance !...

Et cet ingrat ouvrier, colporteur de livres et de calomnies, nous outrage ainsi, nous, dans une ville où un avocat nous appelle en plein tribunal le *Chef du Communisme,* où le Procureur du Roi nous accuse publiquement d'avoir *rendu la population Communiste,* où la masse des ouvriers nous honore du titre de *le Père,* où nous avons reçu, des travailleurs, tant de témoignages de sympathies, mais où les Jésuites et les *Sociétés* secrètes nous attaquent avec tant de fureur !

Mais est-ce que par hasard les deux colporteurs *Collin* et *Coureur* voudraient plaire aux Jésuites et aux sociétés secrètes ?

Dans tous les cas, voilà des ouvriers qui font beaucoup d'honneur et beaucoup de bien aux ouvriers en cherchant à nous déshonorer par leurs calomnies ! les ouvriers leur doivent beaucoup de remerciments ! la Police et les Jésuites doivent bien les détester !

Mais, à Marseille, voici bien une autre calomnie dont nous ignorons les auteurs !

CALOMNIE A MARSEILLE.

Un communiste dévoué, récemment fixé à Marseille, nous écrit le 4 décembre, que, en 15 jours, avec un camarade, il a fait 20 abonnements au *Populaire,* et placé 90 *Almanachs Icariens* avec des

Voyages en Icarie et le ballot de brochures qu'il nous avait demandées. Puis il ajoute :

« Cependant, je dois vous dire que la doctrine Communiste est ici dénaturée et son auteur calomnié ; car des infâmes disent que vous avez *reçu* 200.000 *francs de la main de Louis-Philippe*, il y a deux ans ; et vous comprenez qu'avec de pareilles calomnies, je ne puis marcher d'un pas aussi rapide que s'il en était autrement ; car cela m'occasione une foule de discussions. Il est vrai que je triomphe toujours des calomniateurs ; mais cela n'en est pas moins bien désolant. »

Ainsi, voilà la récompense du soldat incorruptible et dévoué à la cause des prolétaires, des calomnies d'un bout de la France à l'autre, les calomnies les plus odieuses et les plus contradictoires !...

Mais nous triompherons de tous nos calomniateurs ! Et nous ne citons tous ces faits que pour bien faire connaître la vérité.—Revenons un moment à Paris.

UN SERGENT-MAJOR.

Comme nous écrivions ces dernières lignes, un maçon, chef d'atelier, venait nous voir et nous raconta le fait suivant :

« Je dînai avant-hier avec une vingtaine de camarades et leurs femmes. Un sergent-major, frère de l'un d'eux, était de la partie. On prononça votre nom : « Cabet, dit-il, oh ! que je l'aimais quand il faisait, *le Populaire*, en 1833 ; « mais depuis ce temps, il ne dit plus rien : c'est un lâche qui s'est vendu, dit « on, à Louis-Philippe. » Plusieurs autres parlèrent dans le même sens ; deux femmes dirent aussi qu'elles vous aimaient bien autrefois, mais qu'elles vous détestaient aujourd'hui.—Je les laissai d'abord parler : puis, je leur dis que je vous connaissais, et je leur fis connaître votre exil, vos travaux, votre *Voyage en Icarie*, votre nouveau *Populaire*, dont je leur montrai un numéro que j'avais dans ma poche ; un autre avait votre petite brochure *l'Ouvrier et la Femme*... Vous auriez été content si vous aviez été là pour voir le changement ! Six d'entre eux me chargèrent à l'instant de prendre six abonnements, et l'une des femmes détermina son mari à prendre un coupon. J'en aurai d'autres !... »

Oui, la calomnie aura sa réaction. Plus la calomnie fait haïr le Communisme, en le dénaturant, plus on l'aimera quand on le connaîtra bien ! Plus elle nous fait d'ennemis en nous défigurant, plus les hommes sincères et honnêtes seront nos amis, quand ils seront indignés contre les calomniateurs, quand ils connaîtront bien notre dévoûment, constant, inaltérable et sans bornes ! — Revenons à Lyon.

CALLÈS.

M. *Callès*, fabricant de tresses à Lyon, fut impliqué dans le procès de Toulouse, avec sa femme, comme auteur d'une lettre saisie à la poste, écrite au nom d'un Comité révolutionnaire et insurrecteur qui dirigeait Lyon. — Tout récemment il vient d'être accusé pour l'affaire des *tromblons*, présentée d'abord comme infiniment grave. L'instruction et les débats publics le signalaient comme l'âme et le chef de l'affaire. Cependant, malgré ses antécédents, le Procureur du Roi, sévère contre les autres, abandonna, pour ainsi dire, l'accusation quant à lui, et le tribunal ne le condamna qu'à trois mois de prison, tandis qu'il en condamna d'autres à un an et six mois.

Prenant les débats dans *le Censeur* de Lyon, nous racontâmes l'affaire dans le n° 2, 4ᵉ année, du *Populaire*, et nous exprimâmes quelque étonnement. — Au lieu de se taire, M. *Callès* fit insérer contre nous, dans *le Censeur*, la protestation suivante, à laquelle nous allons répondre.

« Monsieur,

« *Le Populaire* contient un compte-rendu très-inexact du procès des *Tromblons*. Votre correspondant lyonnais vous a trompé, bien *involontairement* sans doute, et c'est bien *involontairement* aussi que vous avez recueilli les insinuations blessantes pour moi qui y étaient contenues. »

Oui, s'il y a, dans notre compte-rendu, inexactitude, erreur, injustice, le mal ne serait qu'*involontaire*, et nous n'en serions pas moins désolé, parce que nous ne cherchons en tout que l'intérêt général, la vérité et la justice, parce que, ne connaissant nullement M. Callès, nous n'avons aucune raison de vouloir lui nuire.

« Je crois de mon devoir d'abord de réclamer contre les *inexactitudes*, ensuite de PROTESTER contre les *insinuations*, et je ne doute pas que dans votre loyauté, vous ne vous empressiez d'accueillir ma lettre et de lui donner place dans votre prochain numéro. »

Nous avons lu attentivement les débats dans *le Censeur*; nous devons connaître un peu les affaires judiciaires, et nous soutenons que notre compte-rendu ne renferme aucune inexactitude. — Nous avons annoncé la réclamation et la protestation dans le n° 3 du *Populaire*, ce qui doit suffire à M. Callès; mais s'il persiste à réclamer l'insertion de sa lettre dans le journal, nous l'insérerons avec notre réponse.

« Dans votre compte-rendu on lit que *j'ai déjà été compromis dans le procès de Toulouse sans être mis en accusation*. C'est une *erreur* qui ne doit pas vous échapper à vous, monsieur Cabet, qui, ayant suivi le procès de Toulouse et *sollicité* un rôle dans la défense, avez dû, mieux que personne, *savoir* que je ne pouvais pas être mis en accusation. »

Comment, c'est une *erreur*! Voilà qui est hardi! Nous venons de relire le procès, et nous venons de revoir que *Callès* (André), fabricant de lacets à Lyon, et madame *Planche* (Françoise) ont été impliqués dans les premières poursuites, visités, interrogés, mais que la Chambre du Conseil n'a pas trouvé les indices suffisants pour les mettre en accusation. Quand nous allâmes à Toulouse, M. Callès, croyant que nous passerions par Lyon, désirait beaucoup nous voir, écrivant qu'il était aussi *intéressé que compromis* dans le procès de Toulouse, et qu'il avait besoin d'être au courant de ce qui s'y passerait; mais, à notre retour, en revenant par Lyon, il refusa de venir nous voir, quoique nous le lui eussions fait demander trois fois.

Il dit que nous *savons* mieux que personne qu'il ne pouvait être mis en accusation. — Eh bien! nous savons mieux que lui que la fameuse lettre qu'on lui attribuait au nom d'un Comité (dans laquelle on disait que Lyon comptait autant de soldats pour l'insurrection que de citoyens, que six mois auparavant Lyon aurait pu prendre l'initiative et la tête de la Révolution, mais que depuis l'introduction de la doctrine Icarienne, Lyon ne pouvait plus que suivre un mouvement); nous savons, disons-nous, que cette fameuse lettre a été le pivot de l'accusation de complot, que le Procureur-général y revenait sans cesse, que c'était là son arme principale et sa base d'attaque; enfin qu'aucun accusé n'aurait dû, plus que Callès, être mis en accusation, et que nous n'avons jamais pu comprendre comment, pour donner plus de gravité à l'affaire, on n'avait pas amené un Lyonnais à la Cour d'assises de Toulouse (sauf à l'acquitter), comme on y a amené tant d'autres étrangers!

Puisque M. Callès dit que nous devons *savoir*, nous ajouterons : Eh bien! oui, nous savons beaucoup, beaucoup, beaucoup...., tout ou presque tout, pour Toulouse, pour Lyon, pour Paris, etc., etc.; et beaucoup de monde partout savent tout;... et la Police aussi sait bien des choses, si elle ne sait pas tout... Et dans tout ce qu'elle fait, quand elle n'arrête pas comme quand elle arrête, elle agit toujours dans son intérêt.

Ce que nous savons bien, nous, c'est que l'auteur des fameuses lettres (quel que fût cet auteur) et le Comité Lyonnais (quel que fût ce Comité), qui écrivait de pareilles lettres par la poste, commettait une coupable imprudence qui (comme les *ordres du jour* imprimés, envoyés par un Comité de Paris) compromettait Toulouse, Lyon, la France entière.... Et ces Comités n'avaient pas un seul homme influent, pas la moindre force!... Ce sont des comédies, des farces, des jeux d'enfants; mais des jeux dans lesquels quelques fous ou quelques traîtres jouent le salut de chacun de nous, du Peuple et de l'Humanité!... Ce n'est pas plaisant tout cela! C'est ainsi qu'on amène des embastillements!

Aussi ces lettres des 6 et 26 janvier nous paraissaient si dangereuses et si compromettantes pour la population lyonnaise que, pour réparer le mal fait par d'autres, nous crûmes nécessaire d'écrire et de publier notre 3e *lettre au Procureur-Général*, insérée à la fin de notre *Procès du Communisme à Toulouse*, pour prouver que cette population avait renoncé aux Sociétés secrètes.

Quant à M. Callès, nous ne comprenons pas comment, après qu'il savait les yeux de la Police fixés sur lui, il a pu commettre la folie de se compromettre dans l'affaire des *tromblons*, et de tout compromettre en donnant à la Police un prétexte pour dénoncer un vaste projet de massacre des fonctionnaires publics!

Mais M. Callès ajoute que nous avons *sollicité* la défense pour aller à Toulouse, comme la bande des calomniateurs à Paris dit que nous sommes allé à Toulouse pour avoir de l'argent, et que nous sommes allé à Lyon pour faire condamner les bibliothèques. Est-ce assez méchant tout cela? Est-ce encourageant pour se dévouer à la défense des opprimés?

« Le compte-rendu ajoute que les tromblons ont été commandés *par Philippe, ouvrier de Callès*. Philippe est maître menuisier; il a travaillé pour moi comme pour d'autres, mais il n'a jamais été mon ouvrier, il n'a jamais été dans ma dépendance. On lit ensuite que *les tromblons ont été portés chez Chambon par Philippe, aidé par un autre ouvrier de Callès, Nantil, qui dit l'avoir fait sur l'invitation de Callès.* La fin de ce paragraphe est une grave erreur. Nantil a déclaré avoir assisté Philippe *sur l'invitation de Philippe* et non d'un autre.

« Je me suis plaint, en commençant, d'insinuations blessantes. Ne sont-elles pas évidentes dans votre compte-rendu? En effet, à la fin de la phrase dans laquelle on lit que Nantil avait porté les tromblons par mes ordres, vous imprimez mon nom en lettres capitales, et, lorsque vous avez ainsi fixé sur moi l'attention du lecteur, lorsque vous m'avez signalé comme l'auteur principal des faits incriminés, vous dites que le procureur du roi *s'en rapporte, quant à moi, à la sagesse du tribunal, qui ne me condamne qu'à trois mois d'emprisonnement, mais condamne Philippe à un an, Nantil et Benneton à six mois de la même peine.*

« Que conclure d'un récit ainsi arrangé, sinon que j'étais le plus coupable, et que, plus heureux que mes coaccusés (grâce sans doute aux influences *de la police*), j'ai été frappé d'une peine moindre.

« Je proteste contre cette calomnieuse insinuation. Si votre correspondant eût voulu être vrai, il vous eût dit qu'aucune charge ne s'élevait contre moi, que mon défenseur voulait renoncer à la parole; et que ma condamnation a été pour tout l'auditoire l'objet d'un douloureux étonnement.

« Votre compte-rendu est également inexact quant à Gorju, qui n'était pas un ex-étudiant, mais un chef d'atelier; je vous déclare en son nom qu'on n'a trouvé chez lui ni portrait de Danton ou de Marat, ni écrit révolutionnaire outrageant pour la dynastie régnante, non plus que chez aucun des accusés, dont un seul avait subi un jugement pour coalition, et que Gorju ne doit pas son acquittement à une rétractation, car il n'a rien avoué devant le juge d'instruction, et n'a eu, par conséquent, rien à rétracter.

Tout ce que nous avons dit a été exactement puisé dans les débats; mais du reste, les débats ne sont en général qu'une comédie où la vérité ne paraît presque jamais tout entière. C'est l'opinion qu'il faut consulter dans le monde politique actif. On sait bien à Lyon s'il y a ou s'il n'y a pas des sociétés secrètes, si elles sont fortes ou faibles, quels en sont les partisans. La Police le sait parfaitement aussi, et l'on peut ne pas craindre de lui rien apprendre en s'expliquant là-dessus. D'ailleurs les sociétés secrètes sont finies à Lyon, comme le prouve la conversation de la page 53. Et nous avons personnellement intérêt à ce qu'elles cessent entièrement; car écoutez une anecdote:

Un chef de société secrète veut, il y a deux ans, enrôler deux jeunes frères, qui résistent parce que M. Cabet désapprouve les sociétés secrètes : « M. Cabet! s'écrie l'enrôleur; son langage est une ruse de guerre... Il est habile, adroit;..... mais il est le chef des sociétés secrètes! Je suis Communiste comme lui; mais pour amener la Communauté, il faut des armes et non pas des écrits seulement. » — Entraînés par ce mensonge, les deux jeunes gens consentent et donnent chacun 10 fr. Puis, toujours inquiets, ils vont consulter quelqu'un qui leur affirme que M. Cabet désapprouve réellement les Sociétés secrètes; et ils irent leur promesse;

Voilà comme les Sociétés secrètes nous compromettent particulièrement!

« Dans les observations qui suivent votre compte-rendu, vous vous êtes livré à des réflexions bien étranges et bien peu logiques, car, après avoir dit : *L'affaire est elle carliste ou républicaine?* vous ajoutez : *On ne le dit pas; mais ce qu'il y a de certain, c'est qu'on ne parle que de doctrines républicaines.*

« Ce qu'il y a de certain encore, monsieur, et ce que je puis vous dire en finissant, au nom de tous, c'est que pour la doctrine *icarienne*, pas plus que pour celle des *carlistes*, nous ne nous exposerons jamais aux dangers de la police correctionnelle ou de la cour d'assises.

« Agréez, etc.   CALLÈS. »

Nous tenions à bien constater que le procès des tromblons n'était nullement Communiste, et nous avons bien fait de le constater dans l'intérêt du Communisme.

Maintenant il déclare qu'il n'est ni *Carliste*, ni *Icarien*; il est donc *Républicain* ou *Jésuite?* Nous ne lui demandons pas ce qu'il est; nous admettons qu'il n'est pas l'agent du Pouvoir actuel; mais nous demandons que personne ne compromette, par des folies ou de toute autre manière, ni nous, ni surtout les Ouvriers et le Peuple.

Nous connaissons d'ailleurs la richesse, la puissance, les efforts et l'activité des Jésuites à Lyon; nous savons beaucoup d'anecdotes Jésuitiques, l'influence sur les femmes et par les femmes; nous connaissons de singulières histoires de confessionnal qui ont fait connaître la véritable opinion de bien des gens.

Et nous ne cesserons de conjurer les Ouvriers lyonnais de fuir les Sociétés secrètes et les Jésuites.

Nous arrivons enfin à Toulouse.

PROCÈS DE TOULOUSE.

Où les colporteurs partis de Paris ne nous calomnieront-ils pas, s'ils nous calomnient à Toulouse, dans cette grande cité où, invité par les adresses des Communistes de tous les pays, nous allâmes pour défendre le *Communisme*, où nous publiâmes le Procès qui contient toutes ces adresses, où nous eûmes le bonheur de recueillir tant de témoignages de bienveillance et de sympathie!

Nous rappellerons ici quelques-uns de ces témoignages, pour mieux faire sentir combien ces calomnies sont odieuses.

L'un des premiers avocats de Toulouse, ancien bâtonnier de l'Ordre, M. *Gasc*, dit à la cour d'assises :

« Il n'est pas un de nous qui ne s'honore d'avoir Cabet pour confrère, quand la magistrature l'a compté avec orgueil dans ses rangs. »

L'avocat *Martin* dit à son tour :

« Qu'il me soit permis de vous raconter ce que disait M. Cabet lorsque, pour la première fois, j'ai eu le bonheur de voir ce philosophe profond et savant. »

Le député de Toulouse, l'avocat *Joly*, dit également :

« Les attaques contre la doctrine icarienne me donnent le droit, et j'en suis heureux, de parler de son auteur... Je n'oublierai jamais une vie aussi pure et un dévoûment aussi élevé... Permettez-moi de vous rappeler une page admirable de la vie de M. Cabet. »

Un autre avocat, M. *Détours*, dit aussi :

« Si *cet homme de bien*, que je vois là, dont je n'accepte pas l'idée, mais dont je partage les sentiments ; si le cœur de cet homme généreux s'est ouvert pour le Peuple, si l'amour du Peuple est dans ses entrailles, est devenu toute sa vie, faudra-t-il que le Peuple le repousse sous le prétexte qu'il demande trop pour lui ? Ah ! les amis des classes souffrantes sont trop rares pour qu'elles leur imposent la condition d'une infaillibilité théorique ! Le Peuple sourit d'incrédulité aux vertueuses illusions de cet homme ; mais il accepte les consolations qu'il lui porte et serre fraternellement sa main dans les siennes. »

Une *Adresse*, qui nous fut présentée après le procès, nous dit enfin :

« Les Communistes de Toulouse croiraient manquer à leur devoir s'ils ne venaient acquitter la dette de *reconnaissance* pour le *dévoûment* dont vous venez de leur donner une nouvelle preuve en venant défendre leurs frères injustement opprimés. L'acquittement de nos frères est une bien grande victoire pour le Communisme ; et grâces à l'impulsion que vous avez donnée aux débats, notre doctrine a pu se faire jour à travers l'échafaudage de mensonges et de calomnies que nos ennemis avaient dressé... Désormais le Communisme va prendre un nouvel essor ; car il est sorti de la lutte aussi pur que le jour de son apparition.

« Nous poursuivrons sans relâche l'œuvre de régénération que vous avez si courageusement entreprise. Nous marcherons droit dans le chemin que vous nous avez tracé dans vos nombreux écrits, parce que c'est la *seule voie* qui puisse nous conduire progressivement et sans violence au bonheur... Le Pays connaîtra désormais nos principes, et il ne pourra qu'applaudir aux efforts que nous ferons pour vous seconder.

« En finissant, nous dirons : « Gloire au *Père vénéré* de notre doctrine !
« Reconnaissance éternelle à l'Assemblée générale des Actionnaires et à tous les
« autres Communistes. »

On est généralement si disposé à s'irriter contre tout ce qui paraît vanterie, que nous avons besoin de répéter sans cesse que nous nous croyons à l'abri de tout sentiment de vanité : nous ne citons tant d'opinions et de protestations que pour faire comprendre combien la calomnie contre nous est inexcusable, combien elle est impuissante, combien on doit reconnaître que le seul parti raisonnable est l'union.

Remarquons d'abord que cette Adresse fut signée par vingt-quatre Communistes, et que, parmi les signataires se trouvent *Limage*, *Dubeuf*, etc.

Remarquons aussi que, sur leurs instances, dans l'intérêt du Communisme, nous instituâmes une Commission de *correspondance* dont ces deux signataires de l'Adresse firent partie, tandis que *Gouhenant* allait travailler à Nérac, dans un département voisin, après nous avoir publiquement exprimé sa reconnaissance en nous appelant son *guide*, son premier *juge*, un *père vénéré*. — Cette Commission de correspondance prenait l'engagement formel de défendre et propager le *Populaire*, le *Voyage en Icarie* et tous nos écrits, de chercher des abonnés et des actionnaires, de se réunir aussi souvent que nos intérêts le réclameraient; en un mot, elle était notre *mandataire* comptable, chargée en conscience et en probité de remplir tous les devoirs du *mandataire fidèle* : autrement, nous ne lui aurions pas confié nos abonnements, notre souscription d'actions, des livres pour 2 ou 3,000 fr.

Nous devons ajouter que le plus grand nombre des membres de cette correspondance nous sont restés fidèles, et que plusieurs nous ont donné des preuves d'un entier dévoûment.

QUELQUES ULTRA-COMMUNISTES A TOULOUSE.

Cependant, malgré la leçon qu'avait dû donner le procès de Toulouse, une poignée d'ultrà-Communistes (cinq ou six) s'était réunie autour de *Julien*, jeune débauché en rapport avec les ultrà-Communistes de Paris. — Deux de nos plus jeunes correspondants, *Limage* et *Dubeuf*, se laissant entraîner par eux, devinrent infidèles à leur mandat, à leurs engagements et à leurs devoirs envers nous.

Et voyez la fatale influence de ces ultrà-Communistes !.. Lorsque l'Assemblée générale des actionnaires, approuvant de plus en plus la marche pacifique et prudente du *Populaire*, décida, le 19 mai 1844, qu'il serait continué *mensuel* jusqu'à ce qu'il pût être *hebdomadaire*, et qu'une nouvelle souscription générale d'actions serait ouverte pour obtenir le cautionnement nécessaire; lorsque cette assemblée publia une *Adresse aux Travailleurs*; lorsque la masse des Communistes partout applaudit à cette mesure, ces deux mandataires infidèles, trahissant notre confiance et leur devoir de probité, s'insurgeant contre l'Assemblée générale des actionnaires et contre la masse des Communistes, s'entendirent secrètement avec *Julien* et sa poignée d'ultrà-Communistes, et firent, à notre insu, tous leurs efforts, soit pour paralyser la *souscription*, soit pour tuer *le Populaire* en créant un *autre journal hebdomadaire* à Toulouse. Pour entraver dès ce moment *le Populaire*, ils annoncèrent qu'ils avaient le *cautionnement* du nouveau journal. Puis *Dubeuf* se mit en route avec *Julien* pour parcourir le département, à l'effet de chercher des abonnés et des actionnaires en décréditant *le Populaire*.

Et pourquoi cet abandon subit du *Populaire* et cette trahison de *Limage*? Parce que l'*Adresse aux Travailleurs* disait:

« Mais, vous le savez bien, citoyens, *le Populaire* a pris pour devise : *Point de conspiration ni de société secrète conspiratrice, point d'émeute ni d'attentat* ! Tout par la discussion, par la persuasion, par la puissance de l'opinion publique ! Nous l'avons adoptée, cette devi e, parce qu'elle est notre sauvegarde et notre salut; et c'est pour elle surtout que nous avons pris le titre d'*Icariens*: restons-y fidèles; et s'il existait encore parmi nous quelqu'un qui ne partageât pas notre conviction à ce sujet, respectons son opinion comme nous désirons qu'il respecte la nôtre, mais gardons-nous de provoquer et même d'*accepter sa souscription*; *le Populaire* ne peut être son organe. Si au contraire nous nous rallions en masse autour de son principe pacifique d'instruction et de moralisation, de fraternité et d'union, de solidarité et de dévoûment, nous serons bien plus forts pour nous défendre. »

Voilà ce que l'Assemblée générale des actionnaires disait dans son *Adresse aux Travailleurs*; et elle avait évidemment raison : mais voilà ce qui déplut à la poignée d'ultrà-Communistes de Toulouse, et ce qui entraîna *Limage* et *Dubeuf* dans la trahison, sous le ridicule prétexte que, ne pas admettre les ultrà-Communistes partisans obstinés des Sociétés secrètes, c'était manquer à la *fraternité* !

COLPORTEURS PARISIENS A TOULOUSE.

Nous ignorions toutes ces perfides et dangereuses manœuvres, lorsque nous apprîmes que les ultrà-Communistes parisiens *Gros-Lourd* et *Joseph*, quittant leurs métiers pour se faire colporteurs de A... B.., s'étaient rendus à Toulouse pour y vendre deux *Histoires de la Révolution française*, l'une par M. *Marchal*, l'autre par M. *Laponneraie*, ce qui nous étonna beaucoup, car il ne nous en avait pas parlé, ce qui nous affligea vivement, car nous prévîmes à l'instant toutes les conséquences qu'allait nécessairement avoir une pareille *concurrence* entre de pareilles mains.

Connaissant *Gros-Lourd* pour ultrà-Communiste, ancien partisan de *l'Humanitaire* et de l'abolition de [la famille, condamné pour *Société secrète*, ennemi du *Populaire* ; sachant qu'il était depuis long-temps en relation avec les ultrà-Communistes de Toulouse, nous ne doutâmes pas qu'il n'y allât pour nous y faire concurrence dans l'intérêt commun de l'ultrà-Communisme, de l'anti-Communisme, de la maison A... B.., et de sa bourse personnelle. Mais nous étions loin de soupçonner ce qui se passait et ce qui allait se passer de la part de nos propres *Correspondants* !

Appelés, sans doute, par *Julien*, ou du moins d'accord avec lui, les deux colporteurs se jettent dans ses bras en arrivant et préparent tout avec lui. C'est lui, assez influent, qui va les guider dans toutes leurs démarches contre *le Populaire* et contre nous... Et remarquez que ce jeune homme nous doit peut-être quelque reconnaissance ; car son frère était l'un de ces accusés de Toulouse que nous allâmes défendre en masse et qui doivent peut-être leur salut à notre dévoûment pour eux... Remarquez encore que, entraîné par l'immoralité du principe ultrà-Communiste et par la débauche, ce malheureux se fera bientôt arrêter sous le poids d'une accusation déshonorante.

Mais, par *Julien* les colporteurs ont nos deux correspondants, *Limage* et *Dubeuf*... Ils nous enlèvent deux de nos correspondants, qu'ils excitent à la trahison ! Et, par eux, ils cherchent à débaucher les autres !

Conduit par *Limage* chez notre principal correspondant, *Gros-Lourd* lui demande son concours pour placer ses *histoires* qui font concurrence à la nôtre. — *Joseph* s'y rend également. « *Cet homme est vieux*, dit-il en parlant de nous ; il ne peut plus... Quand j'ai quitté Paris, il était *bien malade* (ce qui n'était pas vrai), »

Notre principal correspondant résistant, les colporteurs vont chez un autre, bien connu par son dévoûment, qui résiste de même.

Mais *Limage* et *Dubeuf* (toujours sans nous prévenir de leur défection, quoiqu'on leur montre la nécessité de le faire) accompagnent nos ennemis partout; probablement chez nos abonnés et nos souscripteurs, chez les Communistes comme chez les Réformistes... Le jeune *Limage*, égaré par nous ne savons quelles séductions, perd la tête au point de quitter une bonne position pour se faire *colporteur*.

Et non-seulement ils veulent fonder un journal et paralyser la souscription, pour tuer le *Populaire*, non-seulement ils cherchent à décrier notre *Histoire de la Révolution* pour placer la leur, mais encore ils cherchent à placer l'ouvrage de Bri... (*Fondement du droit d'Egalité*), et probablement le fameux *plan* d'X... Y... Z..., que les autres colporteurs ont porté à Lyon et à Aix, en opposant l'ouvrage et le plan à notre *Voyage en Icarie* et à nos autres écrits.

Ainsi, la bande d'ultra-Communistes à Paris, les poignées d'ultra-Communistes à Lyon et à Toulouse, et les colporteurs dans le Midi, prônent également l'ouvrage et le plan de Bri... et font les mêmes efforts contre le *Voyage en Icarie* et contre le *Populaire*!..

Concevez l'avantage qu'ont à Toulouse ces Parisiens, qui arrivent de Paris, qui peuvent dire tout ce que leur inspire leur intérêt personnel de colporteurs, qui peuvent voir tous les citoyens, qui sont guidés par deux habitants connaissant la population, qui se disent Communistes avec les Communistes, Réformistes ou Républicains avec les Républicains, qui font des abonnements pour *la Réforme*, qui invoquent son nom et celui de ses chefs, et qui peuvent avoir l'appui de leurs recommandations avec l'appui de l'influence de leurs amis.

S'ils n'employaient que des moyens convenables, nous ne pourrions que déplorer une *concurrence* funeste en politique comme en industrie et en commerce. Mais puisqu'ils débauchent nos correspondants et surtout puisqu'ils nous calomnient et compromettent le *Populaire* et le *Communisme*, nous sommes forcé de nous défendre et de tout dévoiler.

Oui, nous y sommes *forcé*, absolument *forcé*, et la chose est manifeste, car avec des ennemis si actifs, qui n'ont rien autre chose à faire et qui peuvent être aidés par tous les Partis anti-Communistes, comment la partie serait-elle égale pour nous qui sommes éloigné, dont la correspondance par lettres est nécessairement lente et difficile, dont les correspondants fidèles sont des ouvriers qu'anime un bien louable dévoûment, mais qui n'ont que bien peu de temps à nous donner. Les calomniateurs ont beau jeu contre nous qui ne connaissons pas la plupart des calomnies, qui ne pouvons les neutraliser et qui ne pouvons jamais vouloir nous servir de la même arme!

Supposez qu'on ait des colporteurs *partout*, à Rouen, à Nantes, à Lyon, à Marseille, etc., comme à Toulouse; que les Jésuites, les Carlistes, les Partis Anti-Communistes et la Police en aient comme une simple maison de librairie, et que ces colporteurs emploient partout les mêmes manœuvres; n'est-il pas évident qu'ils enlèveront au *Populaire* ses abonnés et ses souscripteurs, et que les 7 ou 8,000 fr. qui lui sont dus seront bien compromis? Et ne serait-ce pas folie alors de composer des ouvrages, de les faire imprimer, de les envoyer aux correspondants? Quelle caisse, d'ailleurs, suffirait à de pareilles impressions?... Oui, c'est clair comme la lumière, il faudrait cesser...

Cesser, abandonner le *Communisme, le Populaire*, tant de travaux, tant de labourage, tant de semailles!.. Non, c'est impossible! les Communistes ne le veulent pas! Mais alors il faut démasquer, et les Communistes le demandent... Eh bien donc, démasquons encore!

Qu'est-ce donc que *Gros-Lourd* et *Joseph*, qui nous attaquent, qui nous accusent, qui nous calomnient, nous, représentant, en quelque sorte, du Communisme? Quelle est leur vie? quels sont leurs titres à la confiance?

On ne les connaît pas à Toulouse; mais à Paris, dans leurs quartiers, dans tout le monde politique, ils sont bien connus!...

Et s'il était possible de réunir le Peuple dans une grande Assemblée, nous leur dirions : « Puisque vous vous mêlez si activement de politique, vous êtes comptables et responsables; rendez donc compte de toute votre conduite, de toutes vos relations, de toutes vos amitiés! Puisque vous accusez, prouvez! Puisque vous nous calomniez, répondez de vos calomnies! »

Mais point d'assemblée populaire; toujours le mystère et les ténèbres!

Nous constaterons donc seulement que *Gros-Lourd* est un Ultra-Communiste, repoussé par nous à cause de ses principes, condamné pour Société secrète, qui n'a cessé d'être ni un des plus actifs en politique, ni un des plus hostiles au *Populaire*.

Voyons maintenant la lettre que nous écrit l'un des hommes les plus laborieux, les plus honnêtes, qui nous inspirent le plus de confiance.

IMPORTANTE LETTRE ÉCRITE DE TOULOUSE.

« Mon cher monsieur Cabet,

« Vous me dites : Restez-vous fidèle à ma marche prudente et pacifique? Je n'oublierai jamais que c'est votre système de pacification qui nous a sauvés, nous et le Communisme, dans notre procès, où d'ailleurs votre présence a contribué à son triomphe et au nôtre. La meilleure manière de conspirer, c'est, comme vous le dites quelque part, de s'instruire et de se moraliser. Cependant, tous ceux qui lisent *le Populaire*, à Toulouse, s'accordent à dire que *si vous ne parliez pas autant de pacification, vous auriez beaucoup plus d'abonnés.*

« Les deux articles, *Réforme* et *Révolution*, ont produit beaucoup d'effet sur tous ceux qui les ont lus, et ces deux numéros ont eu au moins 2,000 *lecteurs à Toulouse.* »

Rien ne pourra nous écarter de la marche pacifique et prudente, ferme et énergique, que nous avons adoptée. Complètement indépendant, dégagé de toute ambition, nous ne consulterons toujours que la raison, l'intérêt général, notre conscience; et chaque jour nous sommes plus convaincu qu'il n'y a de salut qu'en fuyant la société secrète et en travaillant à la réforme sans reculer devant la révolution.

« Vous vous étonnez de ce que la commission ne *se réunit pas* et ne vous tient pas au courant des affaires comme elle en avait pris *l'engagement* : vous avez mille fois raison; mais je vais vous raconter ce qui se passe.

« D'abord, nous vous *devons tous ou presque tous*, et moi *le premier*, nous avons vendu des brochures et fait des abonnements; beaucoup ne nous ont *pas payés* ni ne nous *paieront jamais*. Vous ne pouvez entrer dans ces détails; ceci c'est notre affaire. Cependant vous comprenez que si les membres de la commission sont convoqués, c'est pour régler, pour faire rentrer les fonds; mais les membres n'ayant *rien reçu* des acheteurs ni des abonnés, *ne peuvent rien verser*; et c'est pour cela que, depuis quelque temps, *toute réunion est impossible.* Mais tous, excepté un qui est *parjure et traître* à son mandat, tous, dis-je, sont des hommes qui vous sont *dévoués*, et qui, au premier jour, s'acquitteront envers vous, que les acheteurs ou abonnés les aient payés ou non. Moi, je l'aurais fait déjà, sans une circonstance que je vais vous raconter (et il la raconte). Je vous prie donc de patienter quelques jours encore pour vous payer *tout ce que je vous dois.* »

Nous avons entre les mains une lettre par laquelle un autre correspondant nous avoue qu'il a reçu de l'argent pour nous, mais qu'il l'a employé pour un besoin pressant, et qu'il ne pourra nous payer que plus tard. Quelques ex-correspondants, frisant l'Ultra-Communisme, nous doivent sans nous envoyer même une réponse. De très-honnêtes gens, subitement frappés par quelque désastre imprévu, nous font perdre 200, même 300, même 600 fr. (car il faut connaître l'embarras des affaires et la misère pour s'en faire une idée!), et des bavards comme X...Y...Z... affirment que *le Populaire* n'a pas une obole en arrière!

Je n'ai pu voir *madame Flora Tristan* que le jour de son départ, parce que *les Parisiens* et consorts ont fait tous leurs efforts pour *m'empêcher* de la voir pendant son séjour à Toulouse. Elle a été chez *les mères des compagnons de tous les corps d'état;* elle a été accompagnée partout par *R...., Dubeuf, Julien*, et *Limage*, par ce *Limage*, qui vous écrivait des lettres remplies d'enthousiasme et de protestations, et qui, maintenant, depuis que les *Parisiens* dont j'ai à vous parler sont arrivés, *les accompagne partout*, en *critiquant vos écrits* pour *les aider à placer les leurs.* Je lui ai parlé de vous et de nos doctrines : celles-ci ne paraissent *pas lui convenir*, mais *elle fait bien des éloges de vous.*

Ainsi, tous ces Ultra-Communistes, qui nous trouvent *trop pacifique*, courent se ranger sous les drapeaux les plus différents de leur nuance, sous ceux de *la Réforme*, de *Flora Tristan*, même de *Fournier de Virginie*, pour nuire au *Populaire!* Flora Tristan, qui nous avait un moment attaqué, était redevenue bienveillante en voyant partout les progrès du Communisme Icarien; mais cette vingtaine d'Ultra-Communistes ne peuvent pas plus nous tolérer que ne le peuvent les Jésuites ou la Police!

Il y a quelques mois, Julien et quelques autres avaient projeté de fonder un *journal* intitulé : LE JACOBIN ! mais ce projet est tombé dans l'eau *faute d'argent.* J'arrive aux *Parisiens* !...

Le Jacobin ! Ainsi voilà la sagesse de ces ennemis du *Populaire !* voilà la prudence de ces bambins de révolutionnaires qui veulent diriger le Peuple et la France, et qui compromettent tout ! voilà les amis et les guides des deux colporteurs ! Il aurait duré long-temps leur *Jacobin !* Si nous voulions écouter une petite vengeance, nous désirerions l'essai de tous ces journaux qu'on vante tant en projets, pour voir plus tôt leur chute et leur honte !

« Le *lendemain* de leur arrivée, je les vis en public. On parla *de vous*. M. Cabet, ont-ils dit, il est *seul*; il est *brouillé avec D....*; il a commis une *faute grave* en publiant une brochure *contre lui*, et en en publiant une autre contre *l'abbé Constant.*—D'abord, leur dis-je, si D..... n'avait pas fait un *pamphlet contre M. Cabet*, M. Cabet n'aurait pas répondu par *Toute la vérité au Peuple*. Quant à l'abbé Constant, il n'a publié sa brochure qu'*après la condamnation*.

Ainsi, nous sommes *seul* parce que nous n'avons autour de nous ni M. D..., ni l'abbé *Constant*, ni M. *Joseph*, ni M. *Gros-Lourd*, qui nous aurait bien supplié d'être général si nous avions voulu le faire colonel ! — Ainsi, ils vont rappeler d'anciennes querelles avec D... et avec l'abbé Constant, comme s'ils étaient des agents de divisions et de discorde ! — Ainsi ils prennent parti pour celui qui avait tenté de nous assassiner moralement par le plus calomnieux des pamphlets ! — Ainsi, ils nous accusent d'avoir sauvé peut-être le Communisme en combattant l'abbé qui prêchait le vol, le meurtre, l'incendie, le conjugicide et le parricide..., et qui a fini par abjurer ses opinions populaires et par se réfugier dans le sein de l'évêque d'Évreux, le fameux abbé Olivier... — Ainsi, ils prennent parti pour *l'abbé*, de même que X...Y...Z... prend parti pour *Fournier de Virginie* contre nous, comme s'ils étaient tous des agents des Jésuites !!!

« Ils ont dit aussi que vous n'étiez environné que d'une *bande de flatteurs* qui vous *approuvent en tout*, et que, par conséquent, vous ne vouliez *entendre aucune observation de personne*.

C'est méchant de nous attaquer ainsi au loin; mais que c'est stupide à Toulouse, où la commission de correspondance, les avocats, tant de citoyens, le petit *Limage* lui-même, nous ont donné tant de témoignages d'estime et de bienveillance! Tout ce monde ne formait donc qu'une armée de lâches flatteurs !

« Un jour, *Joseph* vint me trouver et voulait à toute force que je *m'abonne à leur Histoire de France*; je lui dis que j'avais votre *Histoire de la Révolution*, et que cela me suffisait. Et là encore, il chercha à *ridiculiser vos écrits*. « Malheureusement, M. Cabet, dit-il, n'est *pas riche en éloquence*; son *Voyage en Icarie* est TRÈS-MAL ÉCRIT; il est *en contradiction avec lui-même* dans son *Histoire de la Révolution*. Comment se fait-il qu'il y traîne M. *Lafayette dans la boue*, attendu qu'en 1830 *il en faisait son idole* ? Ah ! c'est que le parti LE FAISAIT VIVRE ALORS !!! » Je n'ai *rien répondu* à cela dans l'espoir d'apprendre beaucoup d'autres choses. Mais comprenez que des calomniateurs de cette espèce méritaient d'être *démasqués* comme vous l'avez fait *dans le dernier numéro du Populaire;* mais nous, nous les démasquerons bien plus par *une adresse* que nous avons rédigée, sur laquelle plus de 60 *citoyens ont apposé leurs signatures,* et que nous vous *prierons d'insérer dans le Populaire.*

Ainsi *Joseph* se permet de *ridiculiser* nos écrits, de critiquer notre *pauvreté en éloquence,* de décider que notre *Voyage en Icarie* est *mal, très-mal* écrit!... Voyez-vous ces colporteurs de librairie, ces génies qui ne s'occupent que de sciences et de haute philosophie; ces docteurs, qui jugent les écrivains et qui font la réputation des ouvrages!... Y a-t-il assez de sifflets, assez de huées pour de pareils pédants!... Ah! malheureux ouvriers! comme vous êtes la dupe de ces superbes colporteurs!

Mais M. le tisserand-colporteur *Joseph* se permet une autre licence en attaquant notre *Histoire populaire de la Révolution française,* qu'il accuse de *contradictions,* cherchant ainsi à la faire supplanter par l'*Histoire* du jeune M. Marchal, dans laquelle il ne trouve que du talent, du génie, de la perfection, de la loyauté!... — Il dit qu'en 1830 nous avons fait de *Lafayette* notre *idole :* cela est faux et méchant. Où l'a-t-il donc vu? Personne n'a moins accepté d'idole que nous; et cela va bien de nous accuser d'idolâtrie à un colporteur qui ne colporte et ne distribue ses éloges et ses calomnies que pour de l'argent dont il fait son idole! Il est heureux, le colporteur, dans son accusation d'idolâtrie à notre égard, lorsque, dans la réunion, Lointier presque seul, nous nous abstenions de nous lever chaque fois à l'entrée de Lafayette dans la salle! — Il demande comment il se fait que nous ayons ensuite *traîné Lafayette dans la boue.* Mais d'abord nous ne l'avons pas traîné dans la boue; nous avons seulement raconté la vérité historique; ensuite, est-ce que par hasard le colporteur ne voulait pas que nous racontassions le massacre du Champ-de-Mars, etc., etc.? Quoi! quand nous avons eu le courage de sacrifier nos sentiments personnels au devoir de l'Historien, et de dire la vérité pour défendre le Peuple en affligeant beaucoup de nos amis, et en nous exposant à de dangereuses haines; quand c'est nous qui avons fait connaître Lafayette à beaucoup de colporteurs qui ne le connaissaient pas, c'est un colporteur qui vient nous en remercier en nous accusant de contradiction, et par conséquent de mensonge! Tout cela n'est-il pas aussi sot que méchant? — Mais voici le comble de la méchanceté et de la démence : le colporteur prétend que *le Parti nous faisait vivre* alors, et que c'est pour cela, par une misérable bassesse, que nous avons parlé et agi comme nous l'avons fait! Mais qu'est-ce qui peut donc l'autoriser à nous outrager ainsi, nous, à Toulouse? N'est-ce pas infâme? La maison A. B..., M. *Marchal* et M. *Laponneraie* n'ont-ils pas là de jolis colporteurs! Et si nous et tous nos amis en France nous examinions les motifs qui peuvent déterminer certains éditeurs, certains écrivains, certains colporteurs à éditer, à écrire et à colporter! Quoi! l'éditeur A. B..., le jeune écrivain *Mar-*

chal, etc., etc., ont plus d'indépendance et de désintéressement que nous ! Mais quelle impudence !

Et quelle incroyable audace de la part de ce *Joseph*, qui doit bien savoir que nous savons son histoire, dans laquelle il est bien loin de jouer le rôle de l'ancien Joseph, pudique et sage, défendant l'honneur de son maître Putiphar ! Nous connaissions l'opinion du nouveau Joseph sur le respect que méritent le mariage et la famille ; mais nous ne pensions pas qu'il pût jamais avoir l'effronterie d'être colporteur de calomnies ?

Puisqu'ils ont l'oreille si haute, ces messieurs, qu'ils osent revenir à Paris, et solliciter une réunion pour se justifier ! On nous assure que *Gros-Lourd* se vante d'avoir déposé 3,000 fr. dans la maison A. B... (tandis qu'un de ses plus proches parents réclamait sans aucun titre une part des secours consacrés aux détenus politiques) ; qu'il vienne indiquer comment il lui a été possible de gagner une pareille somme dans toute sa vie, lui dont les camarades connaissent parfaitement l'habileté et l'assiduité au travail !

« Il est bien *malheureux de falloir en venir là !* mais lorsqu'ils disent ces choses, à ceux qui vous sont dévoués, *que ne peuvent-ils pas dire à ceux qui ne le sont pas ?* Et comment se fait-il que des gens qui se disent *avancés*, et qui fraîchement confessés par Mme Flora Tristan qui leur a prêché *l'union*, et leur a prouvé que *l'union seule pouvait nous sauver*, comment, dis-je, se fait-il qu'ils sont *les premiers à semer la division partout ?* N'y aurait-il donc chez ces soi-disant hommes de progrès ! que de la *mauvaise foi ?* »

Sans doute, c'est très-malheureux d'être obligé d'en venir à les démasquer ! mais c'est bien malheureux d'abord que tant d'hommes, qui ne manquent pas d'intelligence et qui pouvaient être utiles à leurs frères, se soient laissé aveugler par la vanité et soient devenus calomniateurs et méchants ! Ils se disent *avancés* ; oui, en calomnie ! et que de calomnies ne doivent-ils pas se permettre, dans toute la France, avec les ennemis du Communisme Icarien, qui doivent les applaudir lorsqu'ils ont l'audace de calomnier ainsi en face des Icariens qui peuvent laisser éclater leur indignation ! Nous devons être bien habillé par eux, quand ils parlent à l'aise ! ils doivent nous faire bien des amis !

« Mais ces Parisiens ne sont *pas vos seuls ennemis*. Il existe à Toulouse une *bande de flâneurs et de batteurs de pavés*, que tout le monde se plaît à appeler les *chevaliers d'industrie* ; ces hommes sont les *ultra-Communistes*, qui nous trouvent *trop pacifiques*. Je n'en finirais pas si je voulais vous raconter la conduite de cette *engeance immonde* qu'on dirait payée pour dé-honorer le parti ! ! !....

Trop pacifiques ! c'est toujours là la base de leur hostilité contre nous ; c'est toujours la question des sociétés secrètes : mais ils ont beau crier contre nous, nous aurons mille fois raison et nous les avons réduits à l'impuissance.

« *L'éditeur* de l'*Histoire de France*, que les Parisiens publient à Toulouse, vient de *leur écrire*, et leur dit sur la lettre qu'il vous avait *proposé*, qu'il voulait *avancer tous les frais* pour publier votre *Histoire de la Révolution*, et qu'il voulait *fournir le cautionnement pour le journal*, mais que vous, vous en vouliez.55,000 *francs sans rabais.* C'est tout ce que j'ai pu comprendre., parce que c'est *Limage* qui est venu en *triomphateur* me faire voir la lettre en disant : « Voulez-vous savoir ce que c'est que *votre Cabet?* vous allez voir une lettre que nous venons de recevoir de Paris. » Et il me lut *quelques passages* que je n'ai pas pu bien comprendre. »

Comment, l'éditeur A...B... s'en mêle aussi ! il approuve ses colporteurs ! il leur parle de nous dans des lettres qu'ils peuvent faire circuler ! il leur raconte ce qui peut s'être passé entre lui et nous ! et il ne leur parle pas de nous pour nous servir, mais pour nous nuire !... et il écrit ainsi à tous ses colporteurs ! Nous voilà bien recommandé dans toute la France !

Mais savez-vous que c'est une situation diabolique que la nôtre ! C'est égal, nous ferons tête à tous et nous triompherons !

Remarquez bien ce qu'il dit : il dit qu'il nous avait *proposé* d'éditer la nouvelle édition de notre *Histoire de la Révolution*, en nous offrant de *fournir le cautionnement* pour *le Populaire*, et que nous avons refusé ; il voudrait faire croire que nous sommes un *égoïste*, et que si le journal n'est pas *hebdomadaire*, c'est la faute de notre cupidité. C'est perfide ! mais voici la vérité. — Il est vrai qu'un de ses principaux colporteurs, Communiste Icarien, qui nous paraissait dévoué et qui désirait vivement qu'il devînt l'éditeur de *notre Histoire* et de tous nos ouvrages, l'avait pressé de traiter avec nous ; il est vrai qu'il vint nous voir il y a huit à dix mois, et nous offrit d'éditer à la condition de partager les bénéfices ; mais il est faux qu'il nous ait offert de *fournir le cautionnement.* S'il nous avait offert de fournir ce cautionnement immédiatement, nous déclarons que cet avantage, qui réalisait le plus ardent de nos vœux, qui mettait fin à toutes les concurrences et à toutes les divisions, qui garantissait notre repos, notre santé et tous les succès, aurait suffi pour nous déterminer. Mais où aurait-il pris ce cautionnement de 50,000 fr. ? Son principal colporteur nous disait bien que, de toutes les histoires de la Révolution, la nôtre était celle qu'ils désiraient le plus éditer parce qu'elle était la plus populaire, parce que c'était elle qui avait le plus de chances de succès, parce qu'ils avaient la certitude d'en vendre 100,000 exemplaires.

Et remarquez qu'alors tous leurs colporteurs qui la dénigrent tant aujourd'hui et qui voudraient que le Peuple ne pût pas en avoir un seul volume, en auraient alors empoisonné (suivant leur dire actuel) les pauvres travailleurs qu'ils exploitent si hardiment ! Ils auraient également vanté, prôné, vendu notre vilain *Voyage en Icarie* et tous nos vilains écrits ! Mais enfin le cautionnement ne pouvait être fourni et n'était offert que sur les *bénéfices*, après les frais remboursés, dans un an, ou deux ans, ou trois ans ! Et si nous n'avions pas confiance ! si nous redoutions qu'il n'eût pas la prudence nécessaire pour éviter dans toutes ses publications la violence que nous désapprouvons et qui peut exposer à des procès désastreux et funestes !... si ses colporteurs ne nous avaient pas plu à cause de leurs antécédents ! Encore une fois on ne nous a point offert de cautionnement pour une époque certaine et prochaine, et il n'y a eu aucune négociation sérieuse,... et on a traité pour une autre Histoire à des conditions bien différentes que nous n'aurions jamais acceptées... et parce qu'on n'a pas pu obtenir nos ouvrages, le blanc devient noir et le noir devient blanc!!... Et l'on cherche à nous déshonorer, à nous ruiner, à nous tuer!... Quelques colporteurs de Paris poussent même l'excès, dans leur ardeur pour le gain, jusqu'à chercher des domestiques renvoyés (par leur faute et qui suppliaient de les reprendre) pour les questionner sur nos actes les plus intimes, afin d'avoir un prétexte pour calomnier une vie de frugalité, de privations et de travail!... Voilà cependant le fruit de notre dévoûment! Mais qui voudrait être exposé à de pareilles infamies? qui pourrait les supporter? Et si nous faisions scruter aussi!... On sait cependant qu'on nous trouve quand on nous cherche, et que nous pouvons nous défendre contre qui que ce soit!

La lettre écrite à Toulouse par A. B... affirme que nous exigions 55,000 *francs sans rabais*; un colporteur de Paris disait même, dans un atelier, qu'on était arrivé jusqu'à nous offrir, en sa présence, 55,000 fr., et que nous en voulions absolument 75,000. Tout cela est pure invention; aucune somme n'a été précisée ni d'un côté ni de l'autre; mais tout cela prouve que *notre Histoire* avait un grand prix à leurs yeux comme aux nôtres.

« Enfin, *toutes les manœuvres, tous les mensonges, toutes les roueries,* sont employés pour vous *perdre dans l'opinion des honnêtes gens!!!...*
« Agréez, etc. »

Ah! on veut nous *perdre!...* Bien d'autres l'ont voulu déjà! Nous verrons! Nous ne désirons perdre personne : mais nous voulons nous défendre et nous sauver; et gare à ceux qui veulent nous perdre!

Et nos frères viennent de partout à notre secours: vous avez déjà vu, dans *le Populaire* (nos 2, 3 et 4), des adresses de Paris, de Nantes, de Niort, de Reims et de Périgueux; vous en avez vu une de quatre Toulousains (V. ci-dessus p. 60); en voici une autre signée par *quarante* et qui aurait eu un bien plus grand nombre de signatures si, au lieu d'être courte comme il est toujours nécessaire, elle n'avait pas été beaucoup trop longue. Nous n'en citons que les principaux passages.

ADRESSE DE TOULOUSE.

A nos frères les Actionnaires ou Souscripteurs du Populaire, *notamment à son Directeur le citoyen Cabet, ainsi qu'aux Actionnaires qui composaient l'assemblée, le 25 septembre dernier.*

«Par *le Populaire* n° 2, nous avons appris votre décision énergique; nous y joignons notre entière approbation. Quant à la cause qui l'a provoquée, c'est avec un sentiment douloureux que nous avons appris que, de toute part, il y a des manœuvres qui se font et se dirigent par des ennemis du Peuple qui savent faire mouvoir des hommes orgueilleux et ambitieux, sèment la division parmi le Peuple. Recevez de nous l'assurance de notre commun accord à propager et dé-

fendre notre principe adoptif : la calomnie et la persécution ne pourront nous re-
froidir, mais, bien le contraire, nous animer davantage.

« Comme nos frères de Lyon et de Paris, nous disons hautement que nous avons
adopté le principe de Communauté comme il est exposé par les principes généraux et fondamentaux du *Voyage en Icarie*. Oui, nous l'avons adopté parce
que c'est celui qui, jusqu'à ce jour, nous a paru le plus juste et le plus moral.

« Ce n'est que par la volonté nationale que nous voulons la réalisation de la Démocratie, qui n'est autre chose que le Christianisme, tel que le Christ, cet Homme-
Dieu, l'a enseigné et que les apôtres l'ont mis à exécution en se mettant en *Communauté*.

« Nous regardons le citoyen Cabet comme un des hommes qui, jusqu'à ce jour,
ont enseigné les vrais principes de ce Libérateur ; car, comme lui, il s'identifie
avec les plus pauvres et les plus malheureux ; il prêche et pratique l'Humanité, la
Fraternité. Continuellement il se voue à tous les sacrifices de sa personne pour
l'intérêt du Peuple ; il brave la haine et la persécution de nos ennemis communs,
soit des intrigants, des orgueilleux et des ambitieux. Par ses nombreux écrits, il
prêche continuellement la doctrine et combat cette foule d'ennemis.

« Comme nos frères de Paris, nous dirons au directeur du *Populaire* de les démasquer, afin que nous puissions tous les connaître ; de notre côté, nous donnerons tous les renseignements possibles. Nous l'engageons donc à leur lever le
masque : ce sera un service qu'il rendra au Peuple.

« Nous, Communistes Icariens, nous croyons être dans le vrai, et nous disons : « Quiconque a la conviction des principes qu'il invoque doit les pratiquer
dans toute sa conduite, et prouver sa sincérité par ses actions plus que par de
simples paroles. On doit *se réformer soi-même* si l'on veut mériter la confiance,
et ceux-là s'en montrent indignes qui ne parlent que de *réformer les autres*,
sans commencer par se réformer eux-mêmes. » Ainsi nos adversaires sont indignes pour le moment d'être appelés démocrates ou républicains, réformistes ou
socialistes, et bien moins encore Communistes Icariens.

« Nous répéterons à tous les hommes qui calomnient le citoyen Cabet, et qui
attaquent son principe et sa doctrine, qu'ils *nous attaquent nous-mêmes*.

« Nous qui voulons la réforme sociale, la réalisation progressive de la Démocratie, nous sommes essentiellement Démocrates, socialistes et réformistes.

« Communistes Icariens de tous les pays, inspirés par la même doctrine, nous
devons être convaincus que nous n'avons de meilleures armes que la doctrine du
Communisme Icarien, cette propagande pacifique qui ne fait appel qu'à la
discussion, à la persuasion, à l'opinion publique et à la décision de la volonté
nationale. Nous sommes convaincus que la violence, les sociétés secrètes conspiratrices et l'émeute, ne peuvent qu'aggraver tous nos maux, arrêter tous nos
progrès et compromettre le salut de la cause du Peuple.

« Nous répéterons sans cesse avec nos frères de Lyon : « Notre route est la
plus sûre et la plus courte ; venez avec nous ! ».

« Nous reconnaissons tous que la publication *hebdomadaire* du *Populaire*
serait du plus grand intérêt pour le Peuple entier ; nous faisons tous nos efforts
pour aider à réaliser *le plus ardent de nos vœux*. Nous aurions déjà fait beaucoup si les intrigants, les orgueilleux, les ambitieux et les fous, n'avaient pas travaillé à discréditer notre *Populaire* et son Directeur.

« Quant à nous, nous sommes bien résolus à persévérer dans la *ligne droite*
qui nous est tracée par les écrits du citoyen Cabet : ni calomnies, ni intimidations ne nous arrêteront. Guidés continuellement par le principe le plus sûr et le
plus moral, celui de la *Fraternité*, nous voyons avec joie que chaque jour il se
fait du progrès ; nous voyons avec bonheur que des hommes éminents par leur
instruction et leur talent apprécient notre système et notre bannière. Puisse l'U-
nion des écrivains nous donner un salutaire exemple ! Puisse enfin notre principe de Fraternité ne faire de nous tous qu'une seule et même Famille!

Les colporteurs et la poignée de leurs amis voulaient faire signer une adresse contre nous ; mais ils n'ont pu réussir : celle-ci nous exhorte au contraire à les démasquer. Achevons de le faire, en fustigeant *Limage*.

Auparavant, remarquons que, si Toulouse renferme encore des partisans des Sociétés secrètes, ils ne sont qu'une poignée sans aucune importance, et que la masse des Communistes adopte sincèrement et de conviction nos principes de propagande pacifique et publique. Remarquons aussi que *la Réforme* et ses directeurs, notamment *Ledru-Rollin* et *Joly*, viennent de se prononcer formellement contre les Sociétés secrètes.

Quant à nous, nous ne pouvons que continuer à conjurer nos frères, et nous les conjurons plus que jamais, de rester fidèles à notre marche, qui les a déjà sauvés et qui seule peut les sauver encore.

LIMAGE.

C'est avec une bien vive douleur que nous arrivons à ce jeune homme, qui nous paraissait candide, généreux, enthousiaste, dévoué, et qui pouvait être un soldat utile de la Communauté, si ces malheureux colporteurs n'étaient pas venus à Toulouse pour le perdre : mais en vérité sa conduite est trop odieuse pour ne pas faire un exemple sur lui ; car enfin il faudrait fermer notre cœur à la confiance et tout abandonner, si nous pouvions être toujours exposé à de si cruelles trahisons.

C'est lui qui nous a offert ses services dès le mois d'avril 1843. Personne ne nous a fait plus de protestations de dévoûment.

Dans une lettre du 16 avril, il nous disait « qu'il serait *heureux de pouvoir nous aider* dans la *sainte cause* que nous avions embrassée. »

Dans une autre du 15 mai, il nous disait « qu'il était *trop jeune* et trop peu connu pour être notre correspondant, mais qu'il était à nous *sans réserve*. »

Sa lettre du 12 août proteste de son *attachement sans borne*.

Celle du 19 octobre proteste de sa *fidélité*.

Dans une lettre du 9 mars 1844, pendant notre maladie, il écrivait au bureau :

« Nous avons reçu votre lettre du 29 février, nous faisant part de la *maladie* de M. Cabet. Nous ne saurions trop vous exprimer combien cette nouvelle nous a *affligés*. Vous nous rassurez un peu, il est vrai, en nous disant que le repos pourra rétablir sa santé ; qu'il en prenne donc ; car *la santé avant tout*. Vous savez, et nous sommes peut-être mieux à même de le savoir que beaucoup d'autres, combien *sa perte* serait *préjudiciable* à la *cause* que nous défendons. Qu'il se soigne donc bien, soit dans son intérêt privé, soit pour *la cause* qu'il a si vaillamment entreprise ; et qu'il ne reprenne ses travaux qu'après entière guérison. Il travaille trop. »

Le 2 avril il nous écrivait :

« Cher citoyen,

« C'est avec un bien grand plaisir que je vous envoie 15 *nouveaux abonnés* au journal. Leur nom et leur position dans le monde pourraient répondre victorieusement à ces assertions mises en avant par quelques ennemis aveugles ou perfidés, que nos doctrines ne conviennent qu'à des hommes sans fortune et sans position sociale, comme si un homme, par cela seul qu'il possède beaucoup, était incapable d'avoir un cœur généreux, compatissant et susceptible de sentiments de justice et d'humanité envers ses frères!

« Ne savent-ils donc pas, ces ennemis de la vérité, que le Communisme n'est autre chose que le Christianisme ramené à sa pureté primitive? Ignorent-ils donc, ces hommes d'égoïsme, que la majorité de ceux qui possèdent se font gloire du titre de chrétien, qu'ils donneraient même leur vie pour le défendre, que le Christianisme est la *doctrine* ou le *précepte*, et le Communisme la *conséquence* immédiate, c'est-à-dire la *pratique* même de cette doctrine ou de ce précepte? Et de même qu'une foi sans les œuvres est une foi morte, qu'une théorie sans pratique est nulle et sans valeur, de même le Christianisme ne saurait subsister sans le Communisme, parce que le Communisme est au Christianisme ce que les œuvres sont à la foi et ce que la pratique est à la théorie, c'est-à-dire la vie. Ainsi, nul ne saurait être réellement Chrétien s'il n'était Communiste; car, sans cela, il ne le serait que de nom.

« *Avant qu'il m'eût été donné de connaître le Communisme,* on m'en avait parlé si *diversement,* on m'en avait même donné une idée si *extraordinaire,* que je voulus vérifier par moi-même si cette doctrine était véritablement aussi *absurde* qu'on voulait bien le dire. Mais quelle ne fut pas *ma surprise et mon admiration,* après un long et attentif examen! au lieu d'une doctrine absurde que je croyais rencontrer, je me trouvai face à face avec les principes dont on avait bercé mon enfance, c'est-à-dire avec cette grande et sublime doctrine que le Christ a scellée de son sang. Je reconnus alors que la plupart des personnes qui souvent veulent se donner comme arbitres d'une chose, sont celles qui ordinairement ne l'ont pas étudiée.

« *Je remerciai la Providence* de m'avoir donné les moyens d'éviter l'erreur où l'on avait essayé de m'induire, et je pris la ferme résolution de faire mon possible afin de préserver les personnes de ma connaissance de celle dont j'avais failli être la victime.

« Depuis cette époque, j'ai pris avec passion l'étude du Communisme.

« Plus je le connais, plus je l'admire et plus je brûle du désir de le faire connaître. Quoique nos ennemis cherchent à nous rendre la tâche bien difficile, j'ose espérer que, *vous et votre journal aidant,* nous parviendrons à faire, comme le Christ, marcher les paralytiques, rendre la vue aux aveugles et l'ouïe aux sourds. Aussi le journal *hebdomadaire* est-il *attendu comme le Messie,* et si, comme nous l'espérons, tous vos efforts sont bientôt couronnés, nous allons marcher à grands pas dans la carrière du progrès. C'est *le souhait que doivent faire,* je crois, tous ceux qui veulent sincèrement le bonheur de l'humanité. »

Y en a-t-il là du zèle, de l'ardeur, de l'enthousiasme pour notre doctrine pacifique, pour *le Populaire,* attendu comme le Messie, pour nous, dont l'aide et la direction sont considérés comme l'âme de ce Communisme adoré! Qui pouvait soupçonner que, deux mois après, sans aucun fait nouveau, ce malheureux jeune homme deviendrait subitement le partisan d'une marche révolutionnaire et l'un des plus ardents ennemis du *Populaire* et de nous, à cause de notre marche pacifique? Sur qui pourra-t-on donc compter?

Écoutez encore ce qu'il nous disait dans une lettre du 10 mai:

« Nous sommes dans *la plus cruelle* incertitude sur votre compte : votre maladie vous aurait-elle repris? Je vous en prie, si nos prévisions sont fausses, comme nous l'espérons, faites-nous-le savoir le plus tôt possible.

« J'ai lu et relu le journal, et l'ai trouvé on ne peut plus intéressant : l'article ur la *Communauté des Dévoués* et sur la *Colonie fraternelle* met le *comble à tous mes vœux.* Je n'ambitionne plus désormais qu'une chose, c'est de pouvoir faire partie de l'une ou de l'autre... Mais je n'ai point d'état pour y entrer... cette pensée me *désespère.* J'attends que vous veniez à mon secours à ce sujet... Je vais prendre un maître de *calligraphie* et un maître de *calcul,* afin de pouvoir les enseigner à d'autres. »

Y en a-t-il encore là, de l'affection pour nous, du zèle pour la propagande pacifique !

Et il cherchait partout des abonnés et des souscripteurs ; et il attendait avec impatience la décision de l'Assemblée générale des actionnaires...

Et jusque-là il approuvait parfaitement notre marche *pacifique ;* il avait signé la première Adresse de Toulouse (p. 199); il honorait l'Assemblée générale ;... il nous avait consulté comme un père sur une affaire de famille... Nous l'aimions, ce jeune homme !.. et si nous pensions pouvoir compter sur quelqu'un, c'était sur lui...

Mais tout-à-coup (et nous n'y pensons pas sans douleur), en juin, il devient un ennemi acharné, comme on l'a vu tout-à-l'heure (p. 100).

Dans le n° 2 du *Populaire,* nous nous en plaignons en ces termes:

« Les colporteurs s'adressent à nos propres *correspondants,* à ceux que leur jeunesse, leur ardeur et leur impatience, exposent le plus à la séduction; ils les provoquent à trahir leur mandat, à violer leurs obligations et leurs devoirs envers nous; ils en entraînent deux qui les accompagnent partout, chez les Réformistes, chez les Communistes, chez nos abonnés, pour les aider à placer leurs écrits et leurs journaux en sacrifiant les nôtres. Ainsi, ceux qui avaient sollicité et pris l'engagement de chercher des abonnés et des actionnaires au *Populaire* et de placer nos écrits, travaillent, sans nous avoir prévenu, contre le *Populaire* et contre nous ! Et quelques-uns de ces correspondants, qui nous trouvent trop pacifique, ne rendent pas même leurs comptes, ne paient pas même l'argent qu'ils ont reçu pour nous ! Heureusement que nous avons, même à Toulouse comme ailleurs, d'autres mandataires qui méritent notre estime et notre affection par autant de zèle que de probité !

« Et ce Toulouse, où quelques jeunes fous nous trouvent trop pacifique, est la même cité où bien des gens doivent conserver quelque souvenir de notre dévoûment !

« Et de ces mandataires qui n'ont guère de mémoire, il en est un qui nous écrivait des lettres remplies d'enthousiasme et de protestations ! »

Quoique cet article ne nomme personne, le jeune homme le prend pour lui, et, levant enfin le masque, il nous écrit la lettre suivante :

« Monsieur,

« Le numéro du 28 septembre de votre journal, article : *Ligue contre le Populaire,* contient, contre plusieurs honorables citoyens, les attaques les plus injustes, les plus anti-fraternelles, et contre moi, sans toutefois me nommer, les insinuations les plus méchantes et les plus déloyales.

« Trop *conséquent* avec mes principes pour vous suivre sur un terrain où la *colère, l'amour-propre* blessé, et l'oubli de tout principe, vous ont jeté une fois encore, je me contenterai de vous dire et de vous prouver, si vous m'y forcez, que tout cet article n'est, soit en ce qui me concerne, et en ce qui concerne les autres citoyens, qu'un tissu des plus *absurdes calomnies.*

« Il est faux que nos rapports aient cessé lors de l'arrivée dans notre ville des citoyens désignés; la correspondance que nous avons eue ensemble vous aurait dit, si vous l'aviez consultée avant de lancer vos accusations, que c'est *en juin*, c'est-à-dire deux mois avant leur arrivée, et lors de la publication, dans votre journal, de *l'Adresse aux travailleurs*, rédigée par vos actionnaires, sous votre dictée peut-être, et pour quelques *funestes tendances* qu'elle renferme, que je crus devoir vous *retirer mon concours*, ce que je fis en priant votre correspondant de vous en prévenir.

« Quant à ma *probité*, que vous mettez en suspicion, elle est assez connue, et de vous particulièrement, pour que les personnes qui auront vu votre article, et qui me connaissent, soient bien persuadées que tout ce que vous en dites n'est que *mensonge* et *calomnie*.

« Vous me dispenserez, j'espère, d'entrer dans de plus grands détails, car vous me forceriez de faire connaître à vos lecteurs le *véritable motif* de vos attaques.

« Je vous salue,   LIMAGE. »

P. S. — Ne pouvant plus contribuer à la propagation de votre journal, je vous préviens que *je remettrai* à votre correspondant, en *règlement de compte*, deux coupons dont je suis porteur, à moins que vous n'en disposiez autrement.

Quel ton, quelle impertinence de la part de ce malheureux jeune homme, qui se trouvait lui-même *trop jeune !* N'est-ce pas déplorable de voir une pareille inconstance, un pareil changement !

Ainsi, ce n'est pas en août, lors de l'arrivée des colporteurs, mais en juin, lors de l'Adresse aux Travailleurs, rédigée par l'Assemblée générale des actionnaires, qu'il a changé, à cause de quelques *tendances funestes* renfermées dans cette Adresse, c'est-à-dire parce qu'elle n'admet pas comme actionnaires les partisans des sociétés secrètes. Mais comment pouvions-nous savoir qu'il avait subitement changé en juin, puisque nous n'en avions été prévenu ni par lui ni par aucun autre ? Comment pouvions-nous deviner qu'il aurait la présomption et la fatuité de mettre son opinion au-dessus de celle de l'Assemblée générale des actionnaires, et qu'il aurait l'inconséquence et la folie de critiquer l'Adresse parce qu'elle persistait dans la marche pacifique ? Comment pouvions-nous imaginer qu'il perdrait la tête au point de préférer au *Populaire*, considéré par lui comme le Messie, un nouveau journal révolutionnaire qu'on appellerait *le Jacobin ?*

Il parle de refus de *concours !* mais il se trompe, parce qu'il est jeune, ignorant et sans expérience ; et voici le fait. — Il était membre de la commission de correspondance, et notre *mandataire*, correspondant habituellement avec nous ; il avait pris une certaine quantité de nos écrits pour en disposer ; il devait en rendre compte. S'étant engagé à soigner nos affaires, il n'était pas libre de les abandonner capricieusement, si en les abandonnant il nous portait préjudice. Il ne pouvait pas les abandonner sans nous prévenir ; il ne pouvait pas les abandonner avant d'avoir réglé son compte avec nous, et il ne l'a pas encore fait aujourd'hui. Il ne peut pas remettre deux coupons en règlement de compte, parce que les coupons n'ont rien de commun avec les ouvrages qu'il a pris ou les sommes qu'il a reçues pour nous. Abandonner son mandat sans terminer les affaires commencées, sans notre consentement, sans nous prévenir pour que nous puissions le remplacer, et sans avoir rendu et réglé son compte, ce n'est pas un refus de concours, c'est voler

son engagement, son mandat et son devoir, c'est commettre un abus de
confiance, c'est nous nuire et nous porter préjudice ainsi qu'au *Populaire*, aux actionnaires, et à la cause du Communisme; c'est un acte
malhonnête, contraire à la probité la plus vulgaire; c'est la conduite
d'un Communiste infidèle.

Il y a plus : il ne pouvait surtout abandonner son mandat pour en
prendre un autre opposé, abandonner *le Populaire* pour créer un journal hostile au POPULAIRE, profiter de nos confidences, de nos secrets,
de nos listes d'abonnés et de souscripteurs, pour nous enlever ceux-ci,
se joindre aux colporteurs pour nous déshonorer, nous ruiner et nous
assassiner moralement... et tout cela sans nous prévenir, à notre insu,
à la sourdine ou à la sournoise, lorsque nous comptions sur lui pour
nous défendre !... Ce n'est plus de la plaisanterie, ce n'est plus un jeu
d'enfant; c'est la désertion de son poste, la désertion à l'ennemi, une
véritable trahison, une infamie dont la pensée nous déchire l'âme. Ah !
que les Communistes doivent en vouloir à ces colporteurs qui l'ont entraîné avec eux et à l'infernale manie des sociétés secrètes !

Et ce malheureux jeune homme nous menace !

Nous n'avions pas d'abord reçu cette lettre qu'il prétend nous avoir
envoyée dès le mois d'octobre par occasion : il nous l'envoie une seconde fois, le 18 novembre, de *Carcassonne* où peut-être le malheureux est allé exercer son nouveau métier de colporteur; puis il ajoute :

«Voilà ce que je vous disais. Je n'ai rien de nouveau à ajouter au numéro d'aujourd'hui; seulement, je prends *note* de la *réserve* faite par MM. Louis Blanc,
Pierre Leroux et Villegardelle, au sujet des nuances qui vous séparent, et pour
lesquelles ils désirent conserver leur *indépendance*, chose que vous avez admise
de leur part.»

L'insensé ne voit pas que sa position de *mandataire* n'a rien de commun avec celle de ces messieurs. S'il nous avait prévenu qu'il se réservait le droit de faire ce qu'il a fait, nous ne l'aurions jamais accepté
pour correspondant et mandataire.

Il ajoute encore en terminant :

«J'attends avec impatience l'apparition des *Masques arrachés*, parce que
j'aurai probablement quelques notes très-importantes à vous communiquer pour
la deuxième édition. Si ce n'était pas trop abuser de votre complaisance, je vous
prierais de m'en *adresser* un exemplaire par la poste; je le paierai à votre correspondant à mon retour à Toulouse. Je suis encore ici pour quelques jours. Mon
adresse est M. O. *Limages, voyageur.* »

Est-ce assez impertinent, assez scandaleux de la part d'un tout
jeune homme envers celui qu'on appelle un vieillard, envers le même
homme à qui l'on a adressé tant d'expressions de respect, de reconnaissance et d'affection ! Y a-t-il de l'indépendance ou plutôt de l'*anarchie*
dans les esprits !

Nous sommes bien fatigué, bien las de tant de tristes récits ! Cependant, pour compléter l'instruction et l'utilité de notre travail, il est nécessaire d'ajouter quelques mots sur la maison A. B... et ses colporteurs, ou plutôt sur leur *Histoire de France, par Anquetil,* continuée depuis la République, par *Charles Marchal,* qui sont l'une des principales causes des calomnies actuelles ; et puisque le publicateur et ses nombreux colporteurs vont partout décrier notre *Voyage en Icarie* et notre *Histoire populaire de la Révolution française,* dédiée et donnée au Peuple ; puisqu'ils nous accusent de *contradictions* et de *vénalité* pour tuer notre ouvrage, nous avons bien incontestablement le droit, pour nous défendre, d'examiner si l'Histoire qu'on a fait faire à M. *Marchal* et qu'ils vantent comme la plus utile au Peuple, n'est pas au contraire la plus flagrante des déceptions pour le Peuple.

L'HISTOIRE PAR CHARLES MARCHAL N'EST-ELLE PAS UN IGNOBLE ET VASTE PLAGIAT ?

Nous avons vu le colporteur *Joseph* déprécier, à Toulouse, notre *Voyage en Icarie ;* mais son chef, qui se dit l'éditeur des publications *nationales* (comme s'il n'y avait de nationales que ses publications) et qui publie une *Encyclopédie* NATIONALE (comme si toutes les Encyclopédies n'étaient pas tout aussi *nationales* que la sienne !), ne trouve rien de mieux (probablement pour populariser ou recommander son Encyclopédie) que de mettre dans son *Prospectus* une épigraphe ainsi conçue :

> Idées, habitudes, mœurs, langue, religion, profession, connaissances, tout ne dépend-il pas de l'éducation qui forme et façonne l'enfant?
>
> CABET, *Voyage en Icarie.*

On ne dédaignait pas alors, on ne méprisait pas le *Voyage en Icarie !* Et il fallait qu'on eût bien envie de le citer avec notre nom, car la citation a bien peu de rapport avec une Encyclopédie.

Nous avons vu aussi le colporteur *Joseph* attaquer notre *Histoire populaire de la Révolution* en la signalant comme entachée de contradictions, d'exagération et de vénalité dans son auteur.

Et cependant, dans son *Prospectus* pour l'*Histoire de France,* continuée depuis 1789 par *Ch. Marchal,* l'éditeur ne manque pas de dire qu'elle est continuée d'après *Thiers,* CABET, *Norvins, Ségur, Louis Blanc ;* et comme de tous ces écrivains, nous sommes celui qui a écrit le plus démocratiquement l'Histoire depuis 1789 à 1830, c'est *d'après nous* que (suivant ce que le *Prospectus* veut faire croire au Peuple) l'Histoire a été écrite démocratiquement.

Si cela n'était pas vrai, on tromperait le lecteur... Et quelle confiance mériteraient alors la *nouvelle Histoire* et ses publicateurs ? Et si cela est vrai, *notre Histoire* ne mérite donc pas d'être décriée !

Eh bien ! *c'est vrai* et ce *n'est pas vrai,* c'est-à-dire que l'Histoire de *Ch. Marchal* est à la fois contraire et conforme à la nôtre, c'est-à-dire qu'elle est remplie de *contradictions*, parce qu'elle est un *plagiat* de tous les auteurs et un pêle-mêle des opinions opposées. Redoublez d'attention ; car voici l'une des exploitations les plus audacieuses et les plus inouïes.

Plagiat de l'Histoire de dix ans.

Nous ignorions complètement l'Histoire de *Ch. Marchal*, publiée par *Cajani* (car les soins et le travail qu'exige de nous la propagande Communiste nous font négliger complètement nos affaires personnelles) lorsque *Louis Blanc* nous apprit, il y a quelques jours, que *Ch. Marchal* avait pillé presque tout entière son *Histoire de dix ans* pour la mettre dans sa continuation de *l'Histoire de France* ; que le plagiat était manifeste ; que, pour le déguiser quelquefois, le plagiaire avait interverti seulement les pages, ou les diverses parties d'un paragraphe, ou changé quelques expressions, et toujours en détériorant ; qu'il avait pris ses préfaces pour en faire des lettres, etc., etc. ; que, ne pouvant tolérer un pareil plagiat, il avait, conjointement avec son éditeur *Pagnerre*, fait citer en justice M. *Ch. Marchal* et son éditeur *Cajani* ; qu'ils demandaient la SUPPRESSION de *l'Histoire de France continuée par Ch. Marchal*, et publiée par *Cajani* ; qu'ils demandaient aussi de forts *dommages-intérêts* ; que le procès allait bientôt être plaidé et jugé ; et que ce serait l'un des plus scandaleux qu'on avait encore vus, attendu que C. Marchal rejetait tout sur Cajani en l'accusant d'avoir substitué à son manuscrit celui qu'il avait fait imprimer sous son nom.

Ecoutez maintenant ce que nous avons appris de quelqu'un qui connaît bien l'affaire :

Pour bien constater le plagiat envers *Louis Blanc*, un jeune avocat se charge d'écrire sur deux colonnes, en regard, les passages des deux ouvrages qui se trouveront semblables. Il écrit d'abord une page, puis 2, 3, 4, jusqu'à 20 qu'il trouve semblables. Fatigué de copier, il demande l'autorisation de couper l'imprimé sur les deux ouvrages et de coller les coupures en regard : il coupe une page, puis 2, 3, 4, enfin 40 pages semblables, c'est-à-dire que tout l'ouvrage est pillé. Le pillage ne cesse que quand *Louis Blanc* suspend sa publication ; et alors, on voit quelque chose de bien étrange et de bien dénonciateur, c'est que, à partir de cette époque, le plagiaire, qui se trouve désorienté et les mains vides, ne remplit plus son volume que de pièces officielles, d'arrêts, de lettres, d'articles de journaux, etc., sans même les analyser, en copiant tout, depuis le commencement jusqu'à la fin !

Ecoutez encore ce que nous a raconté l'un des plus intimes amis de *Louis Blanc* :

Pendant que *Louis Blanc* travaillait à son *histoire*, le jeune écrivain, qui ne le connaissait pas, vint le voir, lui confia qu'il travaillait le même sujet, et le pria de lui indiquer les sources où il puisait (comme le colporteur Joseph avait annoncé l'intention de nous demander à nous des lettres de recommandation pour l'aider à placer ses ouvrages au préjudice des nôtres) : heureusement que *Louis Blanc* refusa d'acquiescer à cette incroyable demande; car autrement le plagiaire aurait pu repousser l'accusation de plagiat en disant que les deux écrivains avaient bien pu se rencontrer, puisqu'ils avaient puisé leurs documents aux mêmes sources.

Tout en causant, le jeune écrivain raconta que le *Bureau de l'esprit public*, à la Police, lui avait fait de belles offres pour le gagner, mais qu'il les avait repoussées avec indignation; à quoi *Louis Blanc* aurait répondu qu'on ne lui faisait pas l'honneur de le croire aussi redoutable ou aussi utile, car on ne lui avait jamais fait de pareilles offres.

Son ouvrage ou son plagiat terminé, le jeune écrivain se présenta, chose inconcevable ! au bureau de *la Réforme*, dont *Louis Blanc* est l'un des écrivains, pour y demander l'annonce et la recommandation de son livre : mais, comme on y connaissait tout, on le repoussa sévèrement en lui faisant bien connaître le sentiment qu'excitait son plagiat, et même en lui annonçant le procès qui l'attendait.

Désespéré de cette réception, éperdu, hors de lui, le jeune écrivain courut chez *Louis Blanc*, et, pour se justifier, s'abandonna à toutes les imprécations contre l'éditeur qu'il accusait d'avoir écarté son manuscrit pour faire imprimer le plagiat sans même lui laisser lire les épreuves. Si le fait est vrai, voilà un éditeur qui respecte bien l'écrivain ! Voilà un écrivain qui sait bien se faire respecter ! Voilà un homme de lettres qui fait beaucoup d'honneur à la *Société des gens de lettres* dont il est membre !

Si *Cajani* commande une Histoire comme il commande une paire de souliers; s'il se considère comme propriétaire et maître de l'ouvrage commandé; s'il se croit libre de disposer du manuscrit et du nom de l'homme de lettres à sa fantaisie; s'il se permet de piller *Louis Blanc* sous le nom de Ch. Marchal; du moins il ne fait pas calomnier *Louis Blanc* par ses colporteurs ; mais s'il nous avait aussi pillé, nous que son armée de colporteurs calomnient partout, ne serait-ce pas plus charmant encore ?

Plagiat envers l'Histoire populaire de Cabet.

Frappé de cette découverte, et pensant que M. Ch. Marchal et *Cajani* (car il faut enfin appeler par son nom celui que nous avons jusqu'à présent appelé la *maison A. B.*) nous avaient peut-être également pillé, nous venons de jeter enfin les yeux, aujourd'hui même, sur le 4e volume de *l'Histoire de France* continuée par *Ch. Marchal*, et nous avons d'abord lu la Préface sous forme de dédicace à la *Nation*.

Nous avons d'abord trouvé bien présomptueuse une dédicace à *la Nation*, pour une continuation d'Histoire, de la part d'un tout jeune homme inconnu, qui s'annonce comme *rédacteur en chef* d'une *Revue sociale* morte en naissant.

Les premières lignes nous surprennent par leur affectation :

« En offrant ce livre à *mes concitoyens*, je commence par leur déclarer qu'il ne contient *rien qui blesse la vérité*, pour laquelle je professe un *culte austère et pur*.

« C'est surtout en *histoire* qu'il faut que l'écrivain vivifie sa composition par la *vérité*. En agissant ainsi, il fait faire un grand pas à la littérature, à la *moralité* des lettres. »

Il n'y a pas de *Robert-Macaire* qui ne puisse en dire autant. Et qu'est-ce que cette affectation d'amour de la vérité, si l'amoureux est un plagiaire !...

Les lignes suivantes augmentent notre étonnement :

« Le devoir de *l'historien*, c'est de ne se faire le champion d'aucun parti, c'est de rendre à tous une égale justice, c'est de peser consciencieusement les faits accomplis, et non pas de les juger avec la passion, souvent égarée, qu'il a vouée à un drapeau. Il ne doit avoir ni affections ni haines. Quant à moi, je ne suis *d'aucune coterie*. »

L'historien doit être juste et vrai ; mais comme tous les partis ne sont pas également bons, il faut qu'il en choisisse un. Comment ose-t-on présenter au Peuple, éminemment démocrate, une histoire faite par un homme qui déclare n'être le champion d'aucun Parti !

Notre surprise augmente lorsque nous lisons :

« Quand je me laisse doucement aller aux *voluptueuses fantaisies de poète*, je me complais volontiers dans ma *tendre poésie*, dans mes *folles aventures*, dans ma *riante humeur*. Quand je fais de l'histoire, j'interroge le passé, et me garde bien d'assombrir l'avenir.

« Je dois avouer *un défaut* : j'aime *l'épigramme*. »

N'est-ce pas se moquer du Public, de la *Nation* à laquelle on ose s'adresser ?

Notre étonnement augmente encore quand nous lisons :

« Tout ce que je puis vous dire pour cette Histoire, c'est que c'est là un travail DIFFICILE, CONSCIENCIEUX (car je n'ai rien inventé, contraint de suivre pas à pas les hommes, et de noter leurs actions) ; du moins un sentiment *loyal de vérité*. En l'écrivant, je n'ai pas voulu bâtir l'édifice de *mon ambition* ou de ma fortune : j'ai voulu *être vrai*, — rien de plus, rien de moins. Aussi ne trouvera-t-on dans ma critique aucune intention malveillante, aucun regret d'une existence manquée ; car dans ma pauvreté d'aujourd'hui je suis *riche de l'espoir de demain*. »

Travail *difficile, consciencieux, vrai !...* Mais si c'est un plagiat !...

Et, pour entraîner les souscripteurs, l'éditeur n'a rien imaginé de mieux que de mettre ce paragraphe dans son *Prospectus*, en l'annonçant ainsi :

« M. Marchal n'a *rien épargné* pour ce *grand travail* qui, de sa part, a été l'objet d'une *étude spéciale* ; et nous abstenant de tout éloge, nous nous bornerons à citer un passage de sa *dédicace à la Nation.* »

Mais encore une fois, si c'est un plagiat !...

Il nous semble bien reconnaître quelque chose de notre préface dans ce passage :

« Je ne me dissimule pas combien ma tâche est périlleuse et délicate : il s'agit de l'histoire du siècle *le plus palpitant* et du pays le plus noble qui se puisse imaginer, de l'histoire d'une des plus grandes époques qu'offrent les Annales des sociétés humaines ; c'est l'Histoire de la régénération politique et sociale de la France. »

Mais jusqu'ici nous ne pouvons trouver un véritable plagiat.

Le reste de la préface nous paraît bien insignifiant ; nous rions de pitié quand nous entendons le jeune homme inconnu s'écrier : « *Courage, Français !* », et quand nous l'entendons dire gravement : « *J'ai tout recueilli* pour cette Histoire contemporaine ; *je livre tout à mes concitoyens* : néanmoins, point de plagiat.

Mais nous continuons, nous lisons le premier chapitre intitulé : *République* ; et qu'y trouvons-nous tout en commençant ? notre *Préface !* car lisez et comparez, en remarquant surtout les passages qui sont en italique dans les deux ouvrages.

Préface de Cabet.	*1er Chapitre de Ch. Marchal.*
« De toutes les Révolutions dont l'Histoire a conservé le souvenir, il n'en est aucune qui présente, autant que la Révolution française, un spectacle majestueux, dramatique, palpitant d'intérêt, rempli de leçons instructives, et digne des méditations de tous les amis de l'humanité.	« Qu'il me soit permis de dire qu'*aucune révolution ne fut exécutée par une nation aussi puissante, aussi courageuse, aussi dédaigneuse des obstacles, aussi sympathique pour les autres peuples,* — ses frères aux yeux de Dieu.
« *Aucune révolution n'a été exécutée par une Nation aussi puissante* en population, aussi généreuse de caractère, *aussi sympathique pour les autres Peuples* ; aucune n'a déployé tant de *courage,* n'a bravé tant de périls, n'a surmonté tant *d'obstacles,* n'a vaincu tant d'ennemis intérieurs et extérieurs ; aucune n'a fait *surgir et briller tant d'hommes de savoir, de talent, d'énergie, de dévoûment patriotique* et de génie révolutionnaire ; aucune n'a pu profiter *des lumières de tant de publicistes, des conseils de tant de philosophes,* de l'expérience de tant de révolutions précédentes ; aucune n'a ouvert une *discussion aussi solennelle sur tout ce qui peut intéresser les hommes* ; aucune n'a tenté une réforme aussi radicale de la Société ; aucune enfin n'a fait faire autant de *progrès* à l'humanité tout entière.	« C'est la révolution française qui *fit surgir tant d'hommes de talent, qui fit briller tant de dévoûments patriotiques* ; c'est qu'aussi il n'est pas un peuple comme les Français pour ouvrir *des discussions solennelles sur tout ce qui peut intéresser l'avenir des hommes,* pour pousser le monde *dans le progrès,* pour profiter des lumières des *publicistes aussi bien que des conseils des philosophes.* « C'est Dieu qui ordonne les révolutions pour le développement de la perfectibilité humaine ; c'est pourquoi il est impossible d'assigner un terme aux progrès à venir de l'humanité ; essayer d'en régulariser le cours, c'est la seule chose qu'on doive faire.
« Et l'on peut ajouter qu'*exposée dans toute sa vérité, la Révolution française est le cours pratique, le plus complet de politique et de philosophie.*	« *Exposée dans toute sa vérité, la révolution française est le cours-pratique le plus utile de politique et de philosophie.*

« Ces considérations m'ont détermi-né à entreprendre une *Histoire de la Révolution française* qui sera tout à la fois *démocratique* dans son esprit et populaire dans sa destination et son but.

« Par *Démocratie*, je *n'entends pas* la *domination* oppressive de la classe la plus *laborieuse* et la plus *pauvre* sur les classes les plus *riches*, mais *j'entends* la puissance du Peuple *entier* s'exerçant dans l'intérêt de tous ; *j'entends le principe de fraternité et d'égalité*, sans exclusion ni oppression de personne ; j'entends *l'amélioration matérielle*, intellectuelle et *morale* des classes les moins heureuses ; j'en-tends leur *amélioration progressive*, continuelle, *incessante, sans autre borne que celle du possible*, en éle-vant les uns plutôt qu'en *abaissant* les autres, en *donnant l'aisance aux pauvres sans appauvrir le riche ;* en un mot, j'entends le système social et politique le plus favorable à la dignité et au perfectionnement de l'homme, à l'ordre public, au respect des lois et au bonheur de tous les citoyens, en lui donnant pour fondement l'éducation et le travail.

« J'ajoute que les fautes de l'Aristo-cratie me paraissent moins excusables que celles du Peuple ; mais que *les vices de l'organisation sociale et de l'é-ducation sont à mes yeux la pre-mière cause du mal ;* et que ce sont les mauvaises institutions plus que les hommes qu'il en faut accuser.

« C'est d'après ces principes que j'ap-précierai les faits qui constituent *l'His-toire de la Révolution française.*

« Il est trop évident que la *vérité* seule est utile pour que j'aie besoin d'affirmer que je la respecterai scru-puleusement : ce serait folie de l'alté-rer volontairement.

« Je suis également trop sincère ami du Peuple pour le flatter et le tromper ; plus je désire le triomphe de sa cause, plus je me fais un devoir de signaler *les malheurs qu'ont attirés sur lui l'impatience, la précipitation,* l'ex-cessive confiance, *le courage sans discipline,* les *efforts particls et iso-lés, l'intolérance et la désunion.*

« *Sans haine* et sans crainte, *sans*

« Ce qu'elle a de beau surtout, c'est le sentiment *démocratique* qui la do-mine. Et je saisis avec empressement cette occasion pour faire, une fois pour toutes, ma profession de foi sur ce grand mot : *Démocratie.*

« Ne *pensez pas que j'entende* par démocratie la *domination* du peu-ple sur la noblesse, du *pauvre* sur le *riche,* de la classe la *plus laborieuse* sur la classe la plus élégante. *J'en-tends* par ce mot là fraternité entre tous les hommes, je veux *l'améliora-tion* matérielle et *morale* des peuples ; mais une *amélioration progressive, incessante, sans autre borne que celle du possible.*

« *Les vices de l'organisation so-ciale sont là cause de tous nos maux. Il faut donner l'aisance au pauvre sans rien prendre au riche ; en élevant celui-là, il ne faut pas abais-ser celui-ci.* Je ne suis pas pour les fu-reurs d'un instant, pour ces émeutes partielles qui sont toujours nuisibles à la dignité nationale. Le système social et politique le plus profitable au per-fectionnement de l'homme, c'est-à-dire le triomphe de la démocratie, de l'équité, des talents, de l'intelligence, voilà ce qu'il faut souhaiter ; et pour l'obtenir, je conçois que le temps, la patience et la résignation soient néces-saires ; en un mot, je suis pour le rè-gne des idées et la souveraineté de la morale.

« Quand les institutions sont mau-vaises, il faut les changer sans cla-meurs, insensiblement.

« Le peuple s'est *attiré bien des malheurs par sa précipitation, ses efforts isolés, son intolérance, sa désunion, son courage sans disci-pline.*

« Je dois parler *sans colère, sans*

autre passion que celle de la justice et de l'humanité, sans autre ambition que celle d'être utile , je dirai hardiment *la vérité, quelle qu'elle soit,* sur les FAITS, sur les PERSONNAGES et sur les *partis.*»

haine, sans autre passion que celle de la justice et de l'humanité, et dire la vérité, quelle qu'elle soit, SUR LES CHOSES, LES HOMMES et les *partis.*»

Eh bien! est-ce là du *plagiat*, du pillage? Sont-ce les mêmes idées, la même composition, les mêmes phrases ou tournures de phrases, les mêmes expressions?

Et tout ce que nous n'avons pas fait imprimer en italiques dans les deux colonnes n'est-il pas encore du plagiat? Les deux phrases qui sont les dernières dans les deux colonnes ne sont-elles pas les mêmes, quoique le jeune écrivain ait substitué *colère* à *crainte* (ce qui est une mauvaise substitution), *choses* à *faits*, et *hommes* à *personnages*?

Pour faire une appréciation aussi courte, aussi serrée, aussi substantielle, aussi complète, de la Révolution française, et de notre caractère d'historien, que celle qui constitue notre Préface, il nous a fallu, à nous, beaucoup d'études, de méditations, de travail et de temps, mais pour faire un ouvrage en pillant ainsi notre Histoire et celle de *Louis Blanc*, que faut-il autre chose que des ciseaux?...

Comment le jeune écrivain peut-il parler de *difficulté*, de *longue préparation*, de *conscience*, de *loyauté*, de son *culte austère et pur* pour la *vérité*?

Comment peut-il mettre dans sa dédicace à la Nation cette phrase ampoulée :

« Je ne souhaite à personne d'éprouver ce qu'il faut de *courage*, ce qu'il faut de *religion pure* et de *foi indomptable en soi* pour résister au doute poignant qui s'empare d'un JEUNE ÉCRIVAIN lorsqu'il entreprend un ouvrage de la nature de celui-ci... Il n'est pas besoin de la misère pour qu'un écrivain se décourage et *s'éteigne* comme *Gilbert* ou comme *Malfilâtre*. Combien n'avons-nous pas enterré de ces GLOIRES qui eussent pu long-temps briller, et qui ont acheté au prix d'une mort prématurée l'éclat douteux d'un instant! Attristé de tant d'avortements littéraires, je commence cette Histoire avec une certaine émotion, mais *sans trembler* : cela sied mal aux *hommes de cœur.* »

Que de fanfaronnage, pour un plagiaire! Parce qu'il est jeune et qu'il pille, il se compare à *Gilbert*, à *Malfilâtre*, qui ne pillaient pas! Il ose parler de GLOIRE en pillant, comme si personne ne devait jamais découvrir son plagiat!

Il est vrai que, pour cacher le plagiat, il intervertit, décolore et défigure (en détériorant); par exemple, en pillant notre *Préface*, il la place non dans sa Préface, mais dans un *chapitre*, et met *hommes* au lieu de *personnages*; mais cela prouve seulement qu'il a bien la conscience de son plagiat.

Et après nous avoir pillé, pour vendre son plagiat, dans l'unique intérêt de sa caisse, le plagiaire nous fait calomnier dans toute la France par une armée de colporteurs, pour tuer *le Populaire* et nos écrits, fruits de vingt ans d'études et de travail !!!

Nous n'avons pas le temps de vérifier si d'autres parties de notre *Histoire populaire de la Révolution française* ont été pillées ; mais si le plagiat existe, nous nous joindrons à *Louis Blanc* pour poursuivre le plagiaire.

En attendant, deux mots encore sur l'Histoire publiée par *Cajani*.

GRANDE DÉCEPTION POPULAIRE.

D'abord l'*Histoire de France* jusqu'à la mort de Louis XVI, rédigée par *Anquetil* (ancien prêtre), est une Histoire monarchique, aristocratique, bourgeoise et *jésuitique*, dans laquelle le Peuple est constamment insulté et sacrifié. — Commandée par Napoléon, cette Histoire est toute dans l'intérêt de la Monarchie et des Prêtres.

La continuation par *Ch. Marchal*, à lui commandée par *Cajani*, n'est-elle pas en réalité dans le même esprit et dans le même intérêt ? Voyons !

Que signifient ces passages de la dédicace à la Nation ? « *Dieu* semblait avoir *voulu concentrer* en Napoléon tout ce que la nature humaine peut avoir de grandeur, de majesté, de joies et de douleurs (page 3)» ; et plus bas : « *Dieu* seul marche au milieu des générations qui s'agitent et passent... » C'est précisément ce que disait, à la tribune, M. Guizot : « Les Peuples s'agitent et *Dieu* les mène. »

N'est-ce pas le même esprit qui, dans la petite brochure récemment publiée par *Ch. Marchal*, se disant *auteur de l'Histoire de France*, sous le titre (bien choisi) *Lord Guizot*, lui fait dire, page 45 :

« Si vous voulez qu'il soit *patient*, donnez au Peuple, pour qui *ce monde-ci* est mauvais, *la croyance à un monde meilleur* ; donnez au Peuple de l'instruction, il sera laborieux (comme s'il ne l'était pas), il sera TRANQUILLE. Apprenez-lui à lire, mettez-lui *l'Évangile* entre les mains ; et il sera PATIENT : la patience est fille de l'espérance. Des BIBLES et plus de bourreaux ; et le Peuple, heureux et *doux*, ne refusera à sa patrie ni son corps ni son âme. »

Nous le déclarons, rien ne nous paraît plus Jésuite ; et tous les Jésuites assemblés ne dicteraient rien de mieux dans leur intérêt, contre le Peuple, le progrès et la démocratie.

Et *Cajani* annonce une *Bible* pour la mettre dans les mains du Peuple à l'aide de son armée de colporteurs !

Si l'*Histoire de France*, commencée par le prêtre *Anquetil* dans l'esprit jésuitique, est continuée dans cet esprit par *Ch. Marchal*, c'est un joli cadeau que *Cajani* fait au Peuple !

Voyons maintenant si cette continuation par *Ch. Marchal* est *monarchique* comme l'*Histoire* par *Anquetil*, ou si elle est *démocratique*. Nous sommes bien étonné de trouver, dans la dédicace à la Nation (page 3), ce jugement étrange : « Le courage et *l'audace* de Bonaparte *sauvent* la France à *l'agonie*. » Mais ce n'est pas d'après nous que le jeune poète, se disant historien, porte un pareil jugement. Non, la France n'était pas à *l'agonie* avant le 18 brumaire ! non, Bonaparte ne l'a pas *sauvée* par le 18 brumaire ! non, le 18 brumaire ne fut pas de l'*audace* et du *courage*, mais du *crime*, ou bien, il n'y en a point dans l'Histoire !

Nous voyons ensuite avec plus d'étonnement (page 18) cette phrase : « *Maximilien Robespierre avait voulu imiter* Lebas qui s'était tué d'un « coup de *pistolet*, mais il n'avait fait que se *briser la mâchoire*. » Comment ! *Ch. Marchal* affirme comme fait certain, prouvé, indubitable, que Robespierre s'est lui-même tiré le coup de pistolet ! Mais qui le lui a dit ? Où en a-t-il trouvé la preuve ? Nous avons traité la question dans un chapitre spécial intitulé *Robespierre s'est-il suicidé ?* Nous avons irrésistiblement démontré, d'après le procès-verbal des chirurgiens, que le coup de pistolet lui a été tiré par un homme venant à lui ; et le jeune écrivain affirme le contraire ! Il trouque et dénature la vérité historique pour se joindre aux ennemis de Robespierre ! Ce fait seul suffit pour anéantir son ouvrage à nos yeux. Son esprit est réellement anti-démocratique et anti-populaire !

Mais la page 19 nous étonne bien davantage. — Nous y voyons que, suivant *Marchal*, avant le 9 thermidor, le Comité de salut public, devenu *perfide*, *cruel*, se PERDIT uniquement par sa *cruauté* ; c'est ce que disent les Aristocrates, mais c'est ce qui n'est pas vrai. — Puis, nous lisons :

« La Convention reprit (après le 9 thermidor) la dictature au Comité de Salut public et finit par se montrer *moins terrible* (contre les Aristocrates, oui, mais contre les patriotes, non)... Tranquille quant au sort de la France pour le dehors, elle écouta quant au dedans les *Conseils de l'Humanité* et CONÇUT *l'œuvre sublime* de la RÉGÉNÉRATION SOCIALE.

« Attaquée dans son repos, en germinal et en vendémiaire, elle descendit dans l'arène avec un *héroïque courage*... Puis elle rédigea une Constitution républicaine. »

Ainsi Robespierre et le Comité de Salut public n'auraient rien fait de bon ; c'est la Convention qui aurait été héroïque et qui aurait *conçu*, après le 9 thermidor !... Ce 9 thermidor serait donc un bonheur, un bienfait ! ! !... Mais c'est le contre-pied de la vérité ; c'est le langage des ennemis de la Révolution et du Peuple ! ! !...

Nous ne savions comment expliquer ce jugement aristocratique et contre-révolutionnaire, lorsque, tournant la page, nous trouvons tout en haut tout le contraire ; écoutez :

« Si la Convention eut des jours sublimes, il est un homme qui contribua *plus que tous les autres* à son *élévation morale*, à la grandeur de ses *projets* et de ses *actes* : cet homme n'est autre que *Maximilien Robespierre*.... Ce furent Robespierre et les Jacobins qui firent de la Convention une puissance redoutable dominée par *l'esprit divin de régénération*. Toutes les grandes choses de la Convention furent CONÇUES, proposées, demandées, par Robespierre et les Jacobins. Bien plus, quand la Convention n'eut plus Robespierre, elle n'essaya *plus rien de bon*, rien de *grand*... Dans cette dernière période de la Convention, je ne vois que des *vengeances*, des hommes sans foi, des calamités, des *massacres*... »

Ainsi, dans la page 19, c'est la Convention qui a CONÇU, et dans la page 20, c'est Robespierre qui a CONÇU ! La page 19 dit *blanc* et la page 20 dit *noir* ! N'est-ce pas là la plus choquante des contradictions ? Comment expliquer un pareil gâchis, un semblable galimathias, si ce n'est en pensant que le jeune poète-historien a pillé la page 19 dans une Histoire anti-populaire, et la page 20 dans notre Histoire populaire, sans même se donner la peine de relire et de comparer ses deux pillages ?

Et c'est là une *Histoire* ! C'est là un *historien* !

Et les colporteurs de Cajani se permettent d'accuser notre Histoire de *contradictions* !...

Mais cette continuation par *Marchal* n'est pas même *une Histoire* ; les faits n'y sont nullement racontés ; il n'y a point de récit des faits ; c'est une dissertation sur l'Histoire, c'est du parlage sans aucune instruction, qui entre par une oreille et qui sort par l'autre (du moins pour la partie de l'ouvrage que nous venons de parcourir). Pas un mot comme récit sur les luttes avec les Girondins, avec les Dantonistes, avec les Hébertistes !... Pas un détail sur le 9 thermidor, sur les émeutes de germinal, etc. Nous soutenons qu'après avoir lu l'ouvrage, un ouvrier ne saura pas un mot de l'Histoire de la Révolution française.

C'est vraiment incroyable ! Nous ne connaissons rien de pareil !...

Nous en étions là lorsque, quoique rempli de dégoût, jetant, par hasard, les yeux sur la page 49, nous reconnaissons un magnifique plagiat pris dans notre histoire. Vous allez voir !

Composition de Cabet.	*Plagiat de Marchal.*
« Employer la tromperie et la force pour expulser les Représentants du Peuple, pour établir le Consulat d'abord, puis l'Empire en se faisant Consul et Empereur, c'était violenter et maîtriser la Nation, usurper sa souveraineté, violer à la fois toutes les Constitutions et fouler aux pieds tous les principes proclamés par la Constituante, par la Législative, par la Convention, et même par le Corps législatif depuis cinq ans, principes pour lesquels la France avait fait tant de sacrifices ; c'était faire ce qu'avaient tenté Lafayette pour Louis XVI, Dumouriez pour le duc d'Orléans, Pichegru pour Louis XVIII... ; c'était mettre son opinion et sa volonté au-dessus de celles de toutes nos Assemblées et de tous les Français.	« Le 18 brumaire fut un coup d'état au profit de Bonaparte ; rien de plus. En se faisant Consul, puis Empereur, il violenta et maîtrisa la nation ; il foula aux pieds tous les principes proclamés par la Constituante, par la Législative, pour lesquelles les Français avaient fait tant de sacrifices.
	« C'était faire ce qu'avaient essayé Lafayette pour Louis XVI, Dumouriez pour le duc d'Orléans, Pichegru pour Louis XVIII ; c'était imposer sa volonté à la France ; c'était mettre son opinion au-dessus de celles de toutes nos assemblées.
« Mais, qui pouvait donc autoriser Bonaparte à prendre ce rôle ? Son courage ?.. son dévoûment militaire ?.. ses services ?.. sa capacité ?.. N'était-ce	« Rien ne pouvait autoriser Bonaparte à prendre ce rôle, ni son courage, ni son dévoûment militaire, ni ses éminentes capacités, ni ses services

pas sa propre fortune qu'il avait cherchée avant tout?..

« Comment osera-t-il se plaindre, s'il trouve partout des représailles et la loi du talion?..

« Que pourra-t-il dire si, quelque jour, après avoir semé la corruption, la perfidie, la trahison, il n'en recueille que des fruits empoisonnés qui lui donneront la mort? Si on le trompe, si on le trahit, si on le calomnie, si on l'attaque, comme il a trompé, trahi, calomnié, attaqué? Si Fouché, Talleyrand, Clarke, Augereau, Moreau, Murat, Marmont, le trahissent, comme il les a provoqués à trahir le Directoire? Si Bourmont et les Saxons le trahissent la veille d'une bataille, et sur un champ de bataille, comme il a provoqué les généraux et la garde du Directoire et des Cinq-Cents à le trahir sur le champ de bataille du Luxembourg et de Saint-Cloud? Si Georges, Pichegru, Moreau, Aréna, Mallet et d'autres conspirent contre lui pour le punir de son usurpation, comme il engageait les anciens et les soldats à le percer de leurs poignards et de leurs baïonnettes, en cas qu'il fût perfide? De quoi pourra-t-il se plaindre, si l'on corrompt ses généraux, ou ses agents, comme il a corrompu les *Chevaliers de Malte*? Si ses alliés le délaissent comme il a délaissé la Porte, si l'on viole contre lui des capitulations comme il a violé celle de Jaffa? Si ses généraux l'abandonnent, quand il aura tout fait pour les rendre égoïstes, ambitieux, cupides?..

« Que ces réflexions sont déchirantes pour nous-même! Avec quel plaisir nous trouverions la perfection dans Bonaparte!

« Ce n'est qu'avec une profonde douleur que nous sommes forcé de refuser notre encens à l'idole populaire. Mais, nous l'avons déjà dit, à quoi servirait l'histoire si l'historien cachait la vérité, partageait les erreurs les plus funestes au Peuple et perdait les plus utiles leçons? Nous avons courageusement attaqué déjà trop de fausses divinités pour avoir la lâcheté de reculer ici devant ce que nous croyons un devoir d'écrivain véridique? »

à Toulon et en Italie: mais avant tout, Bonaparte cherchait sa propre fortune. Et plus tard, quand il fut trahi par Fouché, Talleyrand, Clarke, Moreau, Murat, Augereau et Marmont, il dut se souvenir qu'il les avait engagés à trahir le Directoire. C'est la peine du talion.

« Que dira-t-il, si Bourmont et les Saxons le trahissent la veille d'une bataille et sur un champ de bataille, comme il a provoqué les généraux et la garde des Cinq-Cents à les trahir au Luxembourg et à Saint-Cloud?

« Que dira-t-il, si ses généraux se laissent corrompre comme il a corrompu les Chevaliers de Malte; si ses alliés l'abandonnent comme il a abandonné la Porte; si l'on viole envers lui une parole donnée, comme il a violé la capitulation de Jaffa?

« Que dira-t-il, si Georges, Pichegru, Aréna, Mallet, Moreau et tant d'autres, conspirent contre lui en le traitant d'usurpateur, comme il a conspiré contre la République en se faisant Empereur?

« Ces réflexions sont déchirantes: on voudrait trouver dans Bonaparte toutes les perfections.

« Mais à quoi servirait l'histoire, si l'écrivain cachait la vérité et perdait les leçons utiles, en partageant les erreurs les plus funestes? Pour moi, j'ai le courage de parler d'après ma CONSCIENCE.

En voilà-t-il du plagiat?

En faut-il de l'audace pour terminer le plagiat en disant : « Pour moi, j'ai le *courage* de parler d'après ma CONSCIENCE. »

En voilà-t-il de la *contradiction* avec ce jugement de la page 3 : « Le courage et l'*audace* de Bonaparte sauvent la France à l'agonie ? »

Et ce misérable colporteur Joseph qui vend le plagiat à Toulouse ose accuser notre Histoire de *contradictions !*

Et ce *Ch. Marchal* ose parler de son culte austère et pur pour la vérité, de sa loyauté, de sa moralité, de son travail, de ses longues études préparatoires, de sa CONSCIENCE !

Et cet exploiteur de librairie, ce manufacturier de livres faits aux ciseaux, ce *Cajani*, ose souiller le mot *nationales* en l'accolant à des publications qui ne sont que des plagiats ! Il ose publier les prospectus les plus menteurs, affirmant que sa marchandise est un *bon ouvrage*, un livre *indispensable* à mettre dans les mains des enfants pour *leur apprendre à lire*, et qu'il n'a d'autre but en le publiant que de préparer la *régénération* de la France ! Il ose se présenter comme un Saint qui *se voue à l'éducation morale* du Peuple ! Et après nous avoir pillé, il nous fait calomnier par une armée de colporteurs ! Après nous avoir en quelque sorte volé, il nous fait pour ainsi dire assassiner moralement !

Et pour vendre ses plagiats, il transforme son ouvrier plagiaire en un grand écrivain, un grand publiciste, un grand historien !... Il plante le *portrait* de son faiseur à la tête de son magnifique ouvrage !

Et cependant cet ouvrage est mauvais sous tous les rapports. Le format, grand in-8°, est trop gros, trop lourd pour la main, trop difficile à placer dans la mansarde de l'ouvrier (qui n'a ni bibliothèque ni meuble), trop difficile à prêter et à transporter, trop difficile à lire à cause de son caractère fin, de ses longues pages, de ses larges lignes, de la confusion de ses longs articles sans divisions... Vraiment il faudrait du courage pour lire, et la masse des acheteurs ne lira pas ! — Les *gravures* sont mal choisies, tout-à-fait insignifiantes.—Le livre est complètement *inutile*, sans aucune instruction véritable ; c'est une rapsodie, un tissu de contradictions, où chaque page en détruit une autre...—Ce livre est dangereux, nuisible et très-nuisible par ses jugements anti-populaires, anti-démocratiques et jésuitiques. — Sa *violence* (et rien n'est si facile que la violence) est mauvaise, parce qu'elle exploite une disposition populaire, parce qu'elle détourne le Peuple de la véritable instruction, parce qu'elle peut l'égarer et le jeter dans les voies périlleuses.

Pour nous, nous sommes convaincu que la Police et les Jésuites seraient enchantés que les ouvriers missent tout leur argent dans le livre de *Cajani* et n'en lussent pas un seul autre ; nous sommes convaincu que les plagiats de cet exploiteur sont une espèce de vol contre les Ouvriers tout comme contre *Louis Blanc* et contre nous.

Et cette armée de *colporteurs* pris parmi les ouvriers habitués à la politique ; qui ont de la présomption, de l'audace, une teinte d'instruction, une apparente supériorité sur les autres ouvriers ; qui partent de Paris pour inonder la France ; qui, dans chaque grande ville, s'associent un plus ou moins grand nombre d'ouvriers connus et influents ; qui visitent tous les Ouvriers ; qui vont les chercher partout, dans leurs ateliers, au café, au cabaret (où ils boivent avec eux en leur payant à boire) ; qui vont les relancer chez eux ; qui exploitent toutes les réunions politiques, les pétitions, etc., pour y vendre leurs ouvrages ; qui, pour réussir et gagner de l'argent, emploient tous les moyens : boire, payer à boire, faire de petits prêts, rendre de petits services, flatter les passions, tromper, mentir, calomnier (1) !... C'est une puissance d'une nouvelle espèce, plus grande que celle de la presse, une puissance contre laquelle il serait difficile de lutter !...

Et ces colporteurs empoisonnent le Peuple d'un mauvais livre, de mauvaises idées !... Et ils font de *Ch. Marchal* le plus grand écrivain, le premier des historiens !...

Et si on les laissait faire, le général de cette armée de colporteurs deviendrait le maître des réputations littéraires et même politiques !... Il serait l'arbitre de la littérature et de l'Histoire !... Il n'y aurait plus que lui et son grand *Marchal* qui pourraient faire des livres d'éducation !... Ce serait le triomphe du plagiat et de l'immoralité !...

Il faut enfin faire cesser ce scandale et éteindre ce foyer de calomnies : c'est un grand service à rendre à la littérature et à la morale publique, aux écrivains et au Peuple.

Ah ! que nous sommes heureux d'avoir pris une position désintéressée en DONNANT notre *Histoire populaire de la Révolution française* à une Société d'ouvriers qui la publieront, dans l'intérêt du Peuple, au plus bas prix possible !

Nous félicitons *Louis Blanc* d'avoir commencé l'attaque en Justice. Déterminé par la découverte du second plagiat que nous venons de transcrire, convaincu que *Ch. Marchal* nous en a fait beaucoup d'autres, indigné des calomnies qu'on ajoute au plagiat, nous allons intervenir dans le procès et demander que la condamnation des plagiaires soit affichée à Toulouse, à Marseille et à Lyon comme à Paris.

Car là et partout il n'est pas d'hostilités et de calomnies que les colporteurs ne répandent pour exhausser leur *jeune* Marchal.

---

(1) Nous en connaissons qui, quand ils trouvent un Communiste, ou un Démocrate récalcitrant, lui *donnent* un de nos petits écrits, comme *la Femme*, *l'Ouvrier*, en lui disant : « Tiens, lis ça, et tu m'en diras des nouvelles. » — Puis, quelques jours après : « Eh bien, comment trouves-tu ? — Charmant... — Je te disais bien ! C'est de notre Cabet... Mon Histoire est d'après Cabet ! Prends mon Histoire. » Et c'est en exploitant ainsi notre nom et nos écrits qu'on empêche la vente de notre propre Histoire.

TROP VIEUX.

A Paris, à Lyon, à Toulouse, les dissidents disent que nous sommes *trop vieux*. Trop vieux, à 56 ans ! Arago, Joly, Cormenin, Lamennais, etc., etc., seraient donc aussi trop vieux ! Trop vieux ! mais on ne nous disait pas cela quand il s'agissait de vous défendre au milieu de la persécution ; quand il fallait faire le voyage de Toulouse ou de Lyon ! Trop vieux ! mais si nous avons eu trois fois la fièvre cérébrale, si nous avons été presque aveugle pendant cinq ans, si notre vue et notre santé sont menacées, n'est-ce pas par l'excès de travail au service du Peuple ? Arago nous disait un jour qu'un savant de ses amis accusait le parti patriote d'oubli à notre égard : que dirait-il donc des ouvriers qui nous repoussent dédaigneusement comme trop vieux ?

Trop vieux ! mais c'est poli, c'est honnête, c'est convenable, au nom du Peuple ! Mais c'est ce qu'on vous jette tous les jours à la tête, à vous autres, malheureux ouvriers, pour vous refuser du travail ! à 30, à 40 ans, on vous dit que vous êtes trop vieux !

Si nous sommes vieux, ne sommes-nous pas plus connu, plus éprouvé ? Des jeunes gens ont-ils plus la connaissance des hommes et des choses, plus d'expérience en politique, plus de prudence ? D'ailleurs, est-ce que nous demandons le moins du monde à faire *le Populaire ?* Nous ne le faisons que parce que les ouvriers les plus avancés nous ont prié de le faire ; c'est de notre part l'acte du plus grand dévoûment, car il nous impose une vie d'enfer. Qu'il se présente un jeune homme digne et capable qui veuille s'en charger, et nous serons bien heureux de nous décharger d'un si lourd fardeau. Nous désirons vivement nous associer tous les hommes qui peuvent être utiles ; il n'y a rien que nous ne soyons prêt à faire dans ce but ; mais nous serions coupable envers nos actionnaires et nos abonnés si nous cédions la place à quelqu'un d'incapable ou d'indigne. D'ailleurs, où sont-ils ces jeunes gens qui veulent prendre notre place ? Qu'on les nomme ! qu'ils se présentent, et nous verrons ! Est-ce *Ch. Marchal ?* et *l'abbé Constant ?* — Oui, nous croyons apercevoir enfin la vérité ; c'est pour nous remplacer par le JEUNE *Ch. Marchal* que partout les colporteurs nous appellent *trop* VIEUX ! Pauvre Peuple !

EXCLUSIF.

La poignée de courtiers de calomnies nous appelle *exclusif*. *Exclusif !* De quoi ? Du bon ou du mauvais ?

Oui, nous sommes exclusif du mauvais, de la vanité, de la trahison, de l'immoralité, et nous avons raison, mille fois raison !

Est-ce que nous devons admettre tout le monde sans distinction ?

Est-ce que nous devons admettre ceux qui prêchent un matérialisme brutal, la suppression du mariage et de la famille, la négation de toute moralité ?

Est-ce que nous devons admettre ceux qui voudraient enseigner au

Peuple que les relations d'un homme avec sa mère ou sa fille sont tout aussi raisonnables qu'avec toute autre femme? ou ceux qui disent : « Si l'on prêtait sur les consciences, il y a long-temps que la mienne serait au Mont-de-Piété? »

A l'un des rédacteurs de *l'Humanitaire*, qui voulait absolument écrire, avoir un journal, ou faire des brochures pour illuminer l'univers, et qui soutenait qu'il n'y avait pas d'autre morale que l'intérêt personnel et égoïste, on posa cette hypothèse et cette question :

Un vaisseau fait naufrage près de la terre. Deux passagers s'efforcent de gagner le rivage à la nage et sont près de périr. Vis-à-vis chacun d'eux se trouve un homme sur la rive. L'un de ces hommes se jette à la nage et sauve le malheureux en risquant sa propre vie. L'autre ne bouge pas, et quand le malheureux touche au bord, il l'assomme avec un bâton et le noie pour le voler. — Lequel des deux hommes approuvez-vous ?

L'écrivain de *l'Humanitaire* se disant démocrate, réformiste, communiste, répondit : « Celui qui a tué et volé; l'autre était une bête. »

Faut-il encore admettre un pareil écrivain ?

Mais est-ce qu'il est un homme sur la terre qui ne soit pas exclusif à l'égard de ce qu'il trouve mauvais ?

Est-ce que tous ceux qui nous accusent d'être exclusif ne sont pas exclusifs à notre égard ?

C'est une rude tâche que d'être rédacteur d'un journal chargé de diriger un Parti, et un Parti populaire ! Si quelqu'un l'envie, il est bien insensé ! Du moins qu'il relise bien la fable du *Meûnier, son Fils et l'Ane!* et qu'il sache bien que ce sont ceux qu'il aura le plus raison d'exclure qui seront les plus acharnés à l'appeler *exclusif.*

Pour nous, nous soutenons que, si nous avons exclu quelqu'un, nous avons eu raison, et que nous n'avons exclu personne injustement.

Nous soutenons même qu'il n'y a pas un écrivain *moins exclusif* que nous, et que la chose est manifeste... Il y a peu d'écrivains qui aient plus écrit que nous en histoire, en politique, en socialisme, et peu d'écrits qui aient plus de popularité que les nôtres ; et cependant combien peu d'écrivains en parlent ! Et nous, au contraire, ne citons-nous pas, dans *le Populaire*, dans *l'Almanach*, dans tous nos écrits, tout ce que nous trouvons d'utile dans tous les écrivains, en les nommant ? N'avons-nous pas accueilli d'abord tous les écrivains qui se sont présentés ? N'avons-nous pas adjoint à notre nom, sur deux ouvrages importants pour lesquels nous avions accepté leur collaboration, le nom de deux jeunes écrivains dont nous avons eu à nous plaindre gravement ensuite ? N'avons-nous pas toujours manifesté la plus grande bienveillance pour les écrivains dignes de ce nom ? N'avons-nous pas toujours annoncé que nous les appellerions tous dès que le journal serait *hebdomadaire ?* Ne leur avons-nous pas fait toutes les avances, parce que rien ne nous répugne envers les hommes que nous estimons et aimons; parce qu'il n'est rien, absolument rien, que nous ne soyons toujours prêt à faire par dévoûment au Peuple ? Déjà nous venons de proposer à *Louis Blanc*, à *Proudhon*, à *Villegardelle*, à *Pierre Leroux*, à *Eugène Suë*, à *Dé-*

rains, à *George Sand*, de prendre des actions au *Populaire*, et tous n'ont pas hésité à nous donner ce témoignage public de sympathie.

Nous avons, il est vrai, combattu *l'Humanitaire*, *l'abbé Constant*, quelques autres écrivains; mais est-ce que tous les écrivains ne combattent pas ceux qu'ils croient dangereux? Est-ce qu'on se dispense de nous attaquer, nous? Nous soutenons qu'en attaquant *l'Humanitaire*, etc., nous avons sauvé le Communisme.

Il est encore vrai que nous avons omis d'insérer beaucoup d'articles dans *l'Almanach* et dans *le Populaire*, soit parce que la place nous manquait, soit parce que les articles nous paraissaient défectueux ou inférieurs à d'autres; et en cela encore nous avons eu raison, tout en regrettant souvent de ne pouvoir accorder la satisfaction espérée. Mais ici c'est bien une autre plaie pour nous! car il n'y a pas un auteur qui ne croie son ouvrage un chef-d'œuvre, et il en est peu qui ne soient devenus nos ennemis quand nous n'avons pu publier leurs écrits. Que d'ennemis acharnés contre nous ne le sont que par ce motif!

Désormais, c'est un Comité qui refusera.

ARISTOCRATE — PAS AMI DES OUVRIERS.

La petite bande des courtiers de calomnies dit partout, à Paris, à Lyon, à Toulouse, dans des ateliers où nous ne sommes pas connu, que nous sommes un aristocrate sans bienveillance pour les ouvriers. — Un colporteur de librairie le disait tout récemment dans un grand atelier d'imprimerie. — Un ouvrier affirmait ailleurs que nous l'avions mal reçu, et avouait ensuite qu'il ne nous avait jamais vu.

L'absurde le dispute encore à la méchanceté.

Ah! c'est vrai, nous ne flattons pas les travailleurs; nous sommes trop leur ami et trop indépendant pour être leur flatteur. Nous ne leur disons ni qu'ils sont de grands poètes, ni qu'ils sont de grands écrivains ou de grands philosophes, ou de grands politiques, quoique nous ayons grand plaisir à encourager ceux qui joignent de la modestie et de bons sentiments à du talent. Mais n'avons-nous pas déclaré plusieurs fois que nous sommes fils d'un ouvrier, que nous avons commencé à être ouvrier, que nous considérons tous les ouvriers comme nos frères, et que nous avons consacré notre existence à la défense de leurs intérêts? À Paris, à Lyon, à Toulouse, n'avons-nous pas reçu des milliers d'ouvriers, hommes et femmes, en blouse comme en habit? Est-il à Paris un écrivain, un homme politique qui soit plus accessible aux prolétaires, tous les jours, à toute heure, depuis le matin jusqu'au soir?

Toutes ces calomnies ne sont-elles pas infâmes? Peut-on montrer plus de méchanceté envers un homme de dévoûment qui a rendu quelques services?

Sect. 4. — Résumé et Conclusion.

Ce travail est bien long; nous voulions faire deux ou trois feuilles,

et il en a neuf ! Nous sommes bien contrarié de sa longueur ; mais c'est
bien le cas de le dire, dérangé par mille choses urgentes, nous n'avons
pas eu le temps de le faire plus court. On excusera donc, nous l'espérons, sa longueur. Du reste c'est, pour la pratique des affaires publiques, un des écrits les plus utiles que nous ayons faits.

Mais qu'il a été pénible pour nous, continuellement tiraillé depuis
près de trois mois, entre le désir de dire tout ce qui est utile et nécessaire au salut du Peuple, et la crainte de rien dire de trop, car nous serions désolé de commettre une injustice, même envers nos ennemis les
plus injustes !

Nous craignions aussi de blesser l'opinion d'une partie de nos frères,
effrayés dès qu'on entre sur le terrain de ce qu'on appelle des personnalités ; et nous avons même gardé le silence sur plusieurs points, par
condescendance et par égard pour les susceptibilités d'une grande
Cité.

Mais tout ce que nous avons dit nous a paru nécessaire ; et comme
nous ne pouvons pas être, nous, le seul qui n'ait pas la liberté de ses opinions, de ses convictions et de ses actions, nous déclarons que nous aurions tout cessé si nous n'avions pas pu faire ce que nous venons de
faire, parce que nous sommes convaincu que les *Sociétés secrètes*, d'une
part, les *Jésuites* et les *calomnies* organisées sur un vaste plan, d'autre
part, perdraient ou paralyseraient tout, et rendraient inutiles tous les
dévoûments et tous les efforts, si on ne les arrêtait pas en les démas-
quant.

Nous ne demandons ni à écrire ni à jouer aucun rôle ; et, nous le
répétons, nous serions enchanté qu'un autre pût et voulût prendre la direction et la rédaction du *Populaire* ; mais tant que nous les conserve-
rons, ce ne sera jamais qu'à la condition absolue de pouvoir faire ce
que nous croyons indispensable.

Cependant, c'est très-probablement pour la dernière fois que nous
répondons à la calomnie.

Que de temps les calomniateurs nous ont fait perdre depuis quatre ans !
Sans les hostilités et les indignes manœuvres de nos ennemis, *le Popu-
pulaire* serait *hebdomadaire* depuis long-temps, l'union existerait dans
le sein du Communisme, *notre vrai Christianisme*, notre HISTOIRE PO-
PULAIRE UNIVERSELLE, etc, etc., seraient terminés et publiés, la propagande aurait fait bien d'autres progrès !... Ah ! que nous avons tous
sujet de maudire les calomniateurs !...

Néanmoins, avant de terminer, nous ajouterons quelques mots importants.

ENCORE UN MOT SUR LES SOCIÉTÉS SECRÈTES.

Leurs partisans ont toujours cherché à les déguiser sous d'autres
noms : vaines ruses ! Drap noir cousu de fil blanc ! Nous, convaincu
qu'elles ne peuvent être que funestes, nous les avons combattues et nous
les combattrons sous tous les déguisements.—Quand quelques-uns ont

voulu abuser des actions et coupons du *Populaire* pour s'organiser en société, nous avons refusé leur argent et suspendu l'émission des coupons. — Nous ne repoussons pas ceux qui, plus ou moins anciennement, ont fait partie de quelques sociétés secrètes, quand nous sommes convaincu qu'ils les ont réellement abandonnées et qu'ils partagent loyalement aujourd'hui notre opinion. — Mais nous avons refusé et nous refuserons toujours comme actionnaires ceux qui approuvent encore actuellement les sociétés secrètes, parce que, tout en respectant leurs convictions, nous ne voulons pas être compromis par eux. Comment pourraient-ils vouloir nous compromettre malgré nous ! Il n'y a pas nécessité pour eux d'être actionnaires du *Populaire* !

Si nous n'avions pas suivi cette marche avec constance et fermeté, il y a long-temps que nous serions perdu et qu'on ne pourrait plus parler de Communisme !

ENTENDEZ BIEN LA FRATERNITÉ.

Mais, nous dit-on, repousser, exclure, c'est violer la *Fraternité* ! — Non, non ! Il ne faut pas mal entendre le mot Fraternité, ni en abuser ; il faut l'interpréter sainement. Or, la Fraternité prescrit bien l'indulgence quand elle ne nuit à personne ; elle prohibe absolument la vengeance : mais elle n'empêche pas de choisir entre le vice et la vertu, entre le méchant et le bon ; elle ordonne, au contraire, de repousser l'oppresseur, le voleur, l'assassin, pour défendre l'opprimé, le volé, la victime.

Nous applaudissons à *Molière* et à

« ....Ces haines vigoureuses
Que fait naître le vice aux âmes vertueuses. »

Nous admirons *saint Paul* écrivant aux *Thessaloniciens* (2e épît.) :

« Mes frères, nous vous recommandons que vous vous retiriez d'avec tout homme qui se dit *frère* et qui vit d'une manière *déréglée*. »

Nous admirons le même *saint Paul* disant aux *Romains* (chap. 16) :

« Je vous exhorte, mes frères, à vous garder de ceux qui causent des divisions et des scandales contre la doctrine, et à vous éloigner d'eux. »

Nous l'admirons encore quand il dit aux *Corinthiens* (1er épît.) :

« Si quelqu'un qui se nomme *frère* est impudique, ou avare, ou idolâtre, ou médisant, ou ivrogne, ou ravisseur, vous ne devez pas même manger avec un tel homme. »

Et *Jésus-Christ* ne s'écrie-t-il pas : « Pharisiens, race de vipères, allez brûler en enfer !.. » N'envoie-t-il pas le mauvais riche dans les flammes éternelles en même temps qu'il envoie le pauvre Lazare en paradis ? Ne sépare-t-il pas, au jour du jugement dernier, les générations en deux multitudes, celle des bons et celle des méchants, pour récompenser les uns et pour punir les autres ?

Imposez donc silence à ceux qui nous accusent d'anti-fraternité parce que nous repoussons les fous ou les méchants qui voudraient compromettre le Peuple.

DISTINGUONS SUR : PAS DE PERSONNALITÉS !

Quant aux *calomnies* ou même aux accusations *téméraires*, il faut dire absolument : Pas de calomnies ! pas d'accusations téméraires ! Prouvez !... — Et quand même vous calomnieriez, nous ne nous abaisserions jamais nous-mêmes à calomnier.

Quant aux *Personnalités*, il faut dire : Nous ferons selon ce que vous ferez ! Ne commencez pas, ne provoquez pas, ne faites pas de mal, ne vous permettez aucune personnalité, et nous ne nous en permettrons jamais nous-mêmes : mais dans le cas contraire, si la défense est nécessaire, nous nous défendrons ! Si les personnalités nous deviennent indispensables pour neutraliser vos personnalités, nous les neutraliserons.

Commencer sans nécessité les personnalités est un grand tort ; se laisser détruire par d'injustes personnalités en reculant devant la crainte de faire des personnalités, c'est duperie.

Nous pensons même qu'un des plus grands services que pourrait rendre un citoyen respecté pour ses vertus, ce serait de censurer publiquement tous les vices et tous les vicieux. Mais il faudrait que cette censure fût exercée par un des citoyens les plus respectables et les plus respectés, qui n'aurait pour guides que l'intérêt public et la vérité.

DÉMENTEZ LES CALOMNIATEURS !

Jusqu'à présent, redoutant trop d'ardeur, nous avons exhorté nos amis à éviter toutes les discussions personnelles ; mais cette modération a le grand inconvénient de laisser le champ libre aux calomniateurs ; et d'ailleurs nos doctrines ont fait assez de progrès pour que nous puissions être sûr maintenant que nos amis sauront joindre le calme à la fermeté, la modération à l'énergie.

Eh bien ! alors nous leur dirons : Ne souffrez plus ni calomnie ni témérité dans les accusations ! Arrêtez tout de suite l'accusateur en lui disant : *Prouvez, prouvez, prouvez !*

Faites remarquer que la calomnie est un meurtre et le plus lâche des assassinats. Demandez à l'accusateur s'il serait bien aise qu'on l'accusât témérairement, lui, sa femme, sa fille, sa mère ou son père. Dites qu'on doit être suspect quand on accuse par derrière, et qu'on doit être prêt à signer publiquement son accusation quand on n'est inspiré que par l'amour du Peuple et de la vérité. Dites qu'on est inexcusable quand on accuse, sans preuve, un homme populaire, utile, estimé, qui a montré du dévoûment et rendu des services. Dites aussi qu'il faut être pur et connu pour se rendre accusateur. Dites que l'accusateur se rend responsable. Néanmoins, ce qu'il y a de mieux à faire, c'est de répéter toujours : *Prouvez !*

Ajoutez cependant : A quoi bon ces accusations ? C'est de propagande qu'il faut s'occuper, sans perdre son activité dans des méchancetés.

NOUVEAUX HÉBERTISTES.

Sans doute, il y avait des hommes de bonne foi et de bons patriotes parmi les anciens *Hébertistes* ; mais il y en avait également et en plus grand nombre dans le parti qu'ils attaquaient, et ce sont les Hébertistes en général qui ont été l'une des principales causes de la perte de la Révolution.

Eh bien ! il ne faut pas se le dissimuler, ni fermer les yeux sur le mal ; il existe aujourd'hui un germe de *nouveaux Hébertistes* plus violents contre les vrais Communistes que contre les ennemis naturels du Peuple.

Ces nouveaux Hébertistes perdraient encore le Peuple et tout, si l'on avait la folie de les laisser faire.

Pour nous, nous combattrons également toutes les immoralités, toutes les iniquités, toutes les tyrannies, celles d'en bas comme celles d'en haut, celle qui manœuvre dans la boue comme celle qui peut conspirer du haut des bastilles.

Soldat de l'Humanité, nous mourrons, s'il le faut, en combattant tous ses ennemis.

BON ET MAUVAIS DANS LE PEUPLE.

Nous attaquons hardiment le mal qu'on trouve parmi le Peuple : pourquoi cette hardiesse ? — Parce que nous voulons toujours dire la vérité ; parce que le mal est aussi commun et moins excusable dans les autres classes ; parce que le mal qu'on trouve dans le Peuple est la faute de la société plus que la sienne ; parce que le bien a fait tant de progrès et se trouve si grand aujourd'hui dans la classe des travailleurs qu'il n'y a point d'inconvénient à signaler le mal qui reste, afin de le corriger. Ce sont surtout les lumières, l'instruction, la moralisation, les qualités et les vertus que nous remarquons dans la masse populaire qui nous inspirent notre inébranlable foi dans l'avenir.

PRÉCAUTIONS NOUVELLES.

Néanmoins, notre confiance dans le Peuple en masse ne doit pas nous livrer aux vices de quelques individus : nous resterons aussi bienveillant, aussi fraternel, aussi disposé à rendre tous les services qui dépendront de nous à ceux que nous connaîtrons bien ; mais nous ne voulons plus nous exposer à tant de trahisons et d'hostilités sorties de la vanité blessée.

Nous venons d'organiser parmi nos actionnaires un Comité d'administration composé de quinze membres, auquel nous renverrons toutes les demandes d'insertion d'articles dans le journal.

Nous serons toujours visible pour ceux que nous connaîtrons bien, ou pour ceux qui nous auront fait demander une conférence par une personne bien connue : mais nous ne tiendrons plus, comme nous le faisions, notre porte ouverte à tous, parce que nous ne voulons plus nous exposer à recevoir des gens qui, comme le colporteur Joseph, pourraient abuser de notre accueil bienveillant.

Nous accorderons encore des recommandations à ceux que nous saurons en être parfaitement dignes ; mais les gens que nous ne connaîtrons pas complètement doivent nous éviter le désagrément d'un refus, parce que nous ne voulons plus encourir de responsabilité chanceuse.

NOUVEAUX JOURNAUX.

Rien n'est plus difficile aujourd'hui que l'établissement d'un nouveau journal. Faire un projet, un plan, un prospectus, même quelques numéros ; publier une liste de collaborateurs ; donner quelques centaines d'exemplaires, en envoyer quelques centaines d'autres en essais ; se lire et s'admirer soi-même ; tout cela n'est pas difficile ; mais avoir assez d'abonnés payants, c'est autre chose !

C'est un préjugé assez répandu que, plus on établit de journaux dans un parti, mieux cela vaut ; mais ce préjugé n'en est pas moins une erreur, et une erreur funeste. Qu'un parti ancien, riche, nombreux, puisse avoir plusieurs journaux, c'est possible : mais pour un parti populaire, pauvre, naissant, la chose est une impossibilité. Là où un seul peut à peine être nourri, deux souffrent la faim et maigrissent jusqu'à ce que l'un d'eux périsse après avoir mis l'autre en danger. Puis, la concurrence amène les divisions, les hostilités, les calomnies.

Tout journal qui, sans évidente nécessité, vient se fonder en concurrence avec un autre, prend sur lui une grande responsabilité.

Que sont devenus tous ces journaux qui ont tenté de faire concurrence au *Populaire* et de le tuer ?

Quel bien ont-ils fait ? Quel mal n'ont-ils pas fait ?

A nos yeux, ce sont les journaux qui se sont établis en concurrence avec le nôtre qui ont retardé la propagande Communiste ; et tous ceux qui voudront lui faire concurrence encore périront comme les autres, après avoir fait du mal au Peuple.

Quand on vous propose de souscrire pour la création d'un nouveau journal, répondez donc sans hésiter : « Nous en avons un. Concentrons d'abord tous nos moyens pour le faire marcher ; ensuite, nous verrons pour un autre ! »

L'HUMANITAIRE.

L'*Humanitaire* a été fondé pour *diriger* le parti Communiste, et, par conséquent, pour faire concurrence au *Populaire* qui le dirigeait alors, par conséquent encore pour tuer le *Populaire*, s'il était possible.

Mais, nous le demandons, quels étaient, parmi les fondateurs de *l'Humanitaire*, les hommes capables de diriger un parti? Quelles étaient leurs chances de succès? S'exposer ainsi à créer des divisions, n'était-ce pas servir la Police et agir en ennemis du Peuple?

Le Comité de fondation rédigea, dans sa séance du 20 juillet 1841, un *procès-verbal* contenant les principes de la *Communauté égalitaire*, et proclama, à l'unanimité : — le *matérialisme*; — l'abolition de la *famille*; — l'abolition du *mariage*; — la destruction des *villes*; — la suppression des *arts* et du *luxe*; — la continuité des *voyages*; — la négation du *dévoûment*; — l'établissement immédiat par l'insurrection.

Et beaucoup de membres du Comité sont arrêtés, un jour d'émeute, dans un cabaret près de l'émeute.

Et le *procès-verbal* est saisi dans le bureau, puis imprimé tout au long dans le procès *Quenisset*, puis envoyé à tous les Préfets, Sous-Préfets, Maires, Juges de paix, etc... C'est ce Communisme que le Pouvoir fait connaître à la Presse, à la Garde nationale, à la Bourgeoisie, à tous les Fonctionnaires publics, aux Députés, aux Ambassadeurs, aux Journaux étrangers; c'est de ce Communisme seul qu'on parle dans la cour des Pairs et dans le grand monde ; c'est lui qui fait dire à M. de Lamennais que, dans la Communauté, il n'y a plus que des *mâles*, des *femelles*, des *petits*, et un *gibet* pour ceux qui n'en voudront pas ; c'est enfin ce Communisme, seul connu parmi les riches, qui leur inspire tant de mépris, de dégoût et d'effroi.

Et si nous n'avions pas vivement et à l'instant combattu *l'Humanitaire*, il y a long-temps qu'il ne serait plus possible de parler de Communauté.

Eh bien! nous le demandons encore, si la Police avait commandé et payé ce procès-verbal, aurait-il été mieux fait dans son intérêt? S'il n'y a pas de perfidie, n'est-ce pas de la démence pour des hommes qui se constituent les Directeurs du Peuple? A quoi bon rédiger un *procès-verbal* si compromettant? Pourquoi le laisser au bureau en l'exposant à être saisi, surtout quand on se réunit, un jour d'émeute, dans un cabaret près de l'émeute? Tout cela n'est-il pas inusité, inouï? Si quelqu'un avait agi pour la Police, aurait-il pu mieux faire? Ne semble-t-il pas que le procès-verbal ait été rédigé et placé pour que la Police puisse le trouver?

Sans doute, dans le Comité des fondateurs, il y avait beaucoup d'hommes de bonne foi; mais comment se défendre de la pensée que la Police avait, parmi eux, quelqu'un qui conduisait tout pour elle?

Et voilà comment un seul journal, avec un ou deux numéros seulement, peut compromettre tout un Parti! Voilà comment un seul homme, dans un journal, peut tout perdre! Voilà comment le mal est si facile quand personne ne veille à l'intérêt général! Voilà pourquoi un Parti devrait toujours veiller à ce qu'aucun journal ne s'établisse pour le compromettre! Mais où y a-t-il un Parti, veillant, délibérant, agissant?

Aussi, quand, il y a quelques mois, à Lyon, un des fondateurs de *l'Humanitaire* parlait de refaire un nouveau journal du même genre, et demandait qu'il pût en paraître seulement deux numéros, nous crûmes voir dans ce projet l'annonce de quelque malheur.

ICARIEN.

Le mot *Icarien*, joint au mot *Communisme*, fut adopté par l'Assemblée générale des Actionnaires du *Populaire*, puis par la masse des Communistes.

Il fut adopté pour neutraliser le mal que pouvait et devait faire *l'Humanitaire*.

Il signifie seulement l'adoption des principes généraux et fondamentaux exposés dans le *Voyage en Icarie*, c'est-à-dire la Communauté avec le *mariage*, la *famille* et les *villes*, sans proclamation de matérialisme et sans violence pour l'établir.

L'adoption de ce mot fut un coup de bonheur qui sauva probablement le Communisme.

Mais ce mot peut blesser quelques susceptibilités; nécessaire dans son temps, il sera inutile dès que le nom ou les principes de l'*Humanitaire* ne seront plus un prétexte pour calomnier et proscrire le Communisme : nous en proposerons nous-même la suppression quand le temps sera venu. Puisse ce moment arriver bientôt!

REMÈDE AU MAL.

Mais, nous dit-on, le mal est intolérable; il faut un *remède*; et vous ne voulez ni la conspiration, ni la société secrète, ni l'émeute, ni l'attentat; quel est donc votre remède? — Nous l'avons dit souvent, et nous le répéterons toujours, c'est l'opinion publique, l'union des écrivains, la propagande, l'instruction et la moralisation, les pétitions, l'organisation du travail, etc., etc.

UNION DES ÉCRIVAINS.

Nous l'avons toujours désirée, toujours demandée : il n'y a pas de concessions, pas de sacrifices que nous ne soyons disposé à faire pour amener une union complète.

Déjà *Proudhon, Pierre Leroux, Louis Blanc, Villegardelle, Eugène Suë, George Sand,* viennent de donner au *Populaire* un témoignage public de sympathie et de bienveillance en s'inscrivant au nombre de ses *Actionnaires.* — Nous appellerons également tous ceux qui veulent entrer dans la carrière de la Réforme sociale, et qui peuvent être utiles.

Dès que le journal sera *hebdomadaire*, nous ferons nos efforts pour que les écrivains socialistes, réunis en une espèce de Congrès, discutent et délibèrent les principales questions qui intéressent le Peuple, et notamment pour qu'ils rédigent en commun un *Catéchisme social* et un *Almanach*, et pour qu'ils indiquent les livres dont ils conseillent à l'Ouvrier de composer sa petite *bibliothèque* de prolétaire.

Nous proposerons aussi de créer une *Revue* pour discuter la doctrine et toutes les questions sociales.

ORGANISATION DU TRAVAIL.

C'est le mot à la mode : nous l'adoptons. Oui, organisons le travail, étudions tous la question d'organisation du travail, présentons tous nos idées et nos plans.

Mais il faut l'organiser pour toutes les industries, pour tous les travailleurs, pour les patrons comme pour les ouvriers.

A nos yeux, le travail c'est la société elle-même ; l'organisation du travail c'est l'organisation sociale.

Qu'on nous présente une organisation sociale qui détruise la misère, qui garantisse le bien-être en travaillant, qui assure l'éducation, qui réalise l'égalité et la fraternité, et qui ne soit pas la Communauté, nous le voulons bien ; mais nous sommes convaincu que la Communauté seule peut résoudre complètement le problème ; nous sommes convaincu que tous ceux qui cherchent l'organisation du travail ou de la société arriveront à la Communauté.

Patience et persévérance, Communistes, et l'on dira de notre drapeau ce qu'on a dit du drapeau tricolore : « Il fera le tour du monde ! »

PÉTITIONS.

Une petite *Pétition* n'est rien ; mais, en France, il n'est pas de Pouvoir qui puisse braver une pétition qui porterait un million de signatures.

Nous ne voudrions pas tenter aujourd'hui une *Pétition Communiste*, parce que les esprits ne sont pas encore préparés ; c'est de la *propagande* seulement que nous devons faire, et toujours de la propagande ; mais quand le moment de faire une Pétition sera venu pour nous, nous dirons à nos frères : « Consacrons tous huit ou quinze jours à faire signer la Pétition. » Et dans quinze jours la Pétition sera signée.

Quoique celle proposée par *la Réforme* pour une Enquête seulement soit bien bornée dans son objet, nous avons bien fait de la signer, parce que nous sommes Réformistes avant que d'être Communistes, parce que notre intérêt est de tendre la main à tous ceux qui entrent dans la route des améliorations et du progrès, parce que cette question de l'Enquête met en mouvement tous les esprits, fait étudier toutes les questions sociales, et va nous faire des milliers de Communistes.

RÉFORME MORALE.

Rien n'est plus nécessaire et plus urgent.

Nous, Communistes, nous pouvons la réaliser, et nous sommes peut-être les seuls qui le puissions.

Nous l'avons annoncée pour le temps où le journal sera *hebdomadaire*, et nous sommes bien impatient de la commencer, car rien ne sera plus utile au Peuple et rien ne fera plus d'amis au Communisme.

RÉUNIONS FRATERNELLES.

Désapprouvées par *la Réforme* comme par *le Populaire*, les Sociétés secrètes vont entièrement cesser, nous l'espérons.

Alors, et dès que *le Populaire* paraîtra chaque semaine, nous démontrerons le droit qu'ont les citoyens de se réunir avec leurs amis chez eux pour fraterniser, et nous les engagerons à former régulièrement ainsi des *réunions fraternelles* pour discuter leurs intérêts, pour répandre mieux l'instruction et la moralisation.

CONSEIL JUDICIAIRE.

Consulté chaque jour par une foule d'ouvriers sur leurs petits procès, personne peut-être ne sait aussi bien que nous combien il est difficile et souvent impossible pour eux d'obtenir justice, et combien de calamités attirent sur eux les procès et les frais; c'est effroyable! C'est là une des grandes plaies du Peuple; c'est un de ses gouffres de misère!

Nous voulons organiser un *Conseil judiciaire* composé de jeunes avocats, clercs d'avoués, de notaires, d'agréés et d'huissiers, tous instruits et actifs, tous animés de sentiments généreux et populaires, auquel les ouvriers pourront soumettre toutes leurs difficultés, et qui les conseillera, guidera, aidera et défendra gratuitement devant tous les tribunaux.

Oui, cet établissement sera l'un des plus grands bienfaits pour le Peuple, un incalculable avantage, qui lui épargnera plus d'un million chaque année!

Ah! combien nos calomniateurs et nos ennemis ont fait de mal à la masse des travailleurs en paralysant notre dévoûment et nos efforts!

EXHORTATION AUX COMMUNISTES.

Mais courage et persévérance, Communistes! Joignons toujours la fermeté à la patience, la modération à l'énergie, le dévoûment à l'espérance; unissons-nous, serrons-nous plus que jamais autour de notre principe de *Fraternité*; soyons indulgents, tolérants, bienveillants, envers nos frères qui nous aiment, autant que fermes et résolus contre tous ceux qui nous calomnient; et nous assurerons le triomphe de la doctrine la plus pure, la plus morale, la plus vraiment chrétienne, et la plus utile au bonheur du Genre Humain!　　　　　　　　　　CABET.

Nous avons déjà rapporté dans le n° 2 du *Populaire*, et ci-dessus, page 60, une première Adresse signée par 64 Actionnaires, qui nous engageaient à démasquer nos calomniateurs. — Le 15 décembre, nous avons réuni plus de 100 Actionnaires, à qui nous avons expliqué le sujet général de cet écrit, sans pouvoir le leur lire à cause de sa longueur, en en conservant toute la responsabilité. — L'Assemblée a décidé, à l'unanimité, qu'elle s'identifiait avec nous, et qu'une Adresse serait rédigée dans ce sens par une Commission nommée à cet effet.

Cette commission, de 9 membres, a rédigé l'Adresse suivante, au nom de 102 Actionnaires.

ADRESSE

Des Actionnaires au Directeur du Populaire.

Cher Citoyen,

Nous vous avons prié de démasquer nos calomniateurs et nos ennemis : vous l'avez fait ; c'est de votre part un nouvel acte de dévoûment et un nouveau service : nous vous en remercions.

Attaquer *notre Populaire* et vous, c'est nous attaquer nous-mêmes ; défendre *notre Populaire* et vous, c'est nous défendre.

Nous sommes heureux de voir que nos frères de tous les pays pensent comme nous.

Nous sommes heureux aussi des témoignages de sympathie que nous donnent les écrivains les plus estimés du Peuple pour leurs opinions et leurs sentiments populaires.

Nous avons élevé, tous ensemble, un drapeau sur lequel nous avons écrit le mot sacré : FRATERNITÉ. C'est en vain qu'on s'efforce de nous désunir ; plus que jamais nous sommes résolus à nous rallier autour de ce principe qui fait aujourd'hui l'espérance de l'Humanité.

Et pour montrer à tous combien nous nous identifions avec vous, nous décidons que votre travail, *les Masques arrachés*, sera publié en notre nom et à nos frais

La Commission:

Desty, bottier. — *Ducoin*, cordonnier. — *Dumotier*, tisseur. — *Favard* jeune, tailleur. — *Gonthier*, bijoutier. — *Maillard*, commis négociant. — *Prudent*, bijoutier. — *Robillard*, boulanger. — *Simon*, horloger.

Au nom des Actionnaires suivants :

Alexandre, charron. — *Aron*, tailleur. — *Bapsubra*, chapelier. — *Belleville*, bottier. — *Beluze*, ébéniste. — *Benoit*, cordonnier. — *Bourbon*, tailleur. — *Boileau*, cordonnier. — *Bouveret*, cordonnier. — *Caillé*, fruitier. — *Calbrex*, tisseur. — *Cap*, bottier. — *Chaillier*, cordonnier. — *Chambrette*, bottier. — *Chataignier*, tailleur. — *Clouzard*, peintre sur verre. — *Collain*, serrurier. — *Collange (Louis)* bijoutier. — *Cosson*, tisseur. — *Coulaud*, tailleur. — *Coutellier*, mécanicien. — *Crozat*, tailleur. — *Danguin*. — *Darret*, cordonnier. — *Ducreux*, tailleur. — *Duthy*, tailleur. — *Favard* aîné, tailleur. — *Follanfant*, tailleur de pierres. — *François*, cordonnier. — *Gandon*, carrossier. — *Giraud*, tailleur. — *Glatigny*, dessinateur. — *Gréminy*, mécanicien. — *Groters*. — *Guénichet*, facteur de pianos. — *Guérin*, ébéniste. — *Haizé*, savonnier. — *Hamant*, gantier. — *Hannion*, commis. — *Hatrel*, cordonnier. — *Herbillon*. — *Hubert*. — *Julien*, bottier. — *Labadie*, tailleur. — *Labesque*, tailleur. — *Luchéré* jeune, cordonnier. — *Lamothe* père. — *Lamothe* fils. — *Lapre*, coutelier. — *Leguay*, mécanicien. — *Leroy*, corroyeur. — *Létang*, tailleur. — *Letellier*, homme de lettres. — *Loser*, tourneur. — *Marchand* aîné, commis. — *Marchand*, mécanicien. — *Moquet*, restaurateur. — *Montagne*, tailleur delimes. — *Mousseron*, ébéniste. — *Nadaud*, maçon. — *Oriote*, tailleur. — *Oudin*, tailleur. — *Paquot*, cordonnier. — *Péroche*, fleuriste. — *Pétry*, cordonnier. — *Philippe*. — *Polgaire*, cordonnier. — *Ravel*, tailleur. — *Ressaire* aîné, tailleur. — *Ressaire* (*Charles*) jeune, bijoutier. — *Ringuedet*. — *Rochefort*, cordonnier. — *Rolland*, tourneur en cuivre. — *Rosar*, tailleur. — *Roussin*, tailleur. — *Royer*, bottier. — *Sablier*, cordonnier. — *Sainte-Marie*, tailleur. — *Sainte-Marie*, sellier. — *Saugé* aîné, tailleur. — *Saugé* jeune, tailleur. — *Sigot*, cordonnier. — *Tenson*, tailleur. — *Tessire*, tailleur. — *Théveniot*, cordonnier. — *Tournade*. — *Valluron*, cordonnier. — *Verdès* fils, tailleur. — *Verdier*, cordonnier. — *Vergier* — *Vicaire*, tailleur. — *Wocquefen*, tailleur. — *Zabern*, ébéniste.

Dans une réunion du 22 décembre, les suivants ont adhéré à l'unanimité :

Arquin, monteur en cuivre. — *Aubry*, commissionnaire. — *Behuet*, cartonnier. — *Bertrand*, tisseur. — *Bisson*, bijoutier. — *Borde*, cordonnier. — *Bouilliant*, cordonnier. — *Caillé*, fruitier. — *Cap*, jeune, cordonnier. — *Chaillot*, modeleur. — *Corbière*, bijoutier. — *Coubert*, tailleur. — *Dabat*, bottier. — *Darret*, cordonnier. — *Daumont*.... — *Dienst*, maître tailleur. — *Dubourg* (*Louis*), cordonnier. — *Ducret* (*Pierre*), tailleur. — *Duhazé*, bijoutier. — *Duval*, tailleur. — *Fronin*, cloutier. — *Goubaud*.... — *Hannion*, commis marchand. — *Hardier*, tourneur en cuivre. — *Haudbourg*, cordonnier. — *Heuvetine*.... — *Hury*, gazier. — *Kneip*, ébéniste. — *Labbé*, ciseleur. — *Lange*, professeur de coupe. — *Laverrière*, loueur de voitures. — *Leroy*, bijoutier. — *Lesage*, fondeur. — *Marguier*, tailleur de pierres. — *Marti*, cloutier. — *Maurice*, bijoutier. — *Mayjonade*, tailleur. — *Mettaver*, tailleur. — *Niéaux*, bijoutier. — *Peeters*, tailleur. — *Amy* (*Philippe*), tailleur. — *Raflin*, tailleur. — *Ragouat*, formier. — *Rauch*, peintre. — *Reboul* (*Napoléon*), cordonnier. — *Réville*, rentier. — *Rink*, cordonnier. — *Saint-Amand*, tailleur. — *Simon* (*Félix*), bijoutier. — *Sorin*, horloger. — *Tessier*, brossier. — *Vagnier*, tailleur sur cristaux. — *Vergnier*.... — *Vicaire* (*Isidore*). — *Muzeau*, tailleur.

Nous publierons, dans une feuille séparée ou dans *le Populaire*, les autres *adhésions* qui nous viendront de Paris et des départements.

Table des Matières.

www.ingramcontent.com/pod-product-compliance
Lightning Source LLC
Chambersburg PA
CBHW072118090426
42739CB00012B/3009